頑張る自分に、ご褒美旅を

週末海外

小林 希

ワニブックス

はじめに

「ここに行って、これだけしよう」
旅先ですることを一つだけ決めたら、思い切って出発してみませんか？

海外旅行は贅沢で、時間と資金がかかるから、年に一度行けたら充分だと考える人もいます。近年は、日本と海外を飛び交うＬＣＣ路線も拡大しているし、情報も溢れ過ぎて、どこに行くか、何をするか、旅の計画を立てるのがかえって面倒だという人もいるかもしれません。正直な話、週末は、家や近場でのんびり過ごすほうが気楽です。

私も旅は大好きですが、事前準備は苦手だし、行ったら余すところなく観たい。そんなふうに思っていました。でも、あるときから「これだけはしよう」と目的を一つだけ決めて行くことにしました。その一つが旅先で叶ったら、あとはおまけくらいのゆったりとした心構えです。

初めは「せっかく海外に行くのに、一つしか目的を持たないなんてもったいない」と思いもしました。でも、「あれもこれも」をやめてみたら、それまでよりも優雅で、記憶に残る旅ができるようになったのです。今は、隣町に行くような気軽さで海外に行ける時代です。旅先で役立つアプリもたくさんあります。だから今すぐ旅に出なきゃ、もったいない！

そう思うのは、旅に出ると、映画や小説では味わえない感動に襲われ、心が震える経験を幾度となくするからです。

異国へ行くたびに、自分の世界が広がる喜びを覚えます。無事に家に帰ってきたとき、心地よい疲労感と無尽の達成感に満たされます。そして、また明日から頑張ろう！　と思えるから不思議。

長期の休みを取らなくても、土日に、3連休に、少し有休を取って4、5日間で、世界の果てまで旅ができます。

本書では、実際に私が旅した世界中の街で、「これだけすればOK！」というおすすめの楽しみ方を紹介しています。実際に何をするかはみなさん次第ですが、少しでも旅に出るきっかけになれたら嬉しいです。

週末行ける世界地図

毎日精いっぱい働いているからこそ、休日は刺激的なご褒美を。週末や3連休でアジア方面へ、休みを取って4～5日でヨーロッパや中米、南米までも。

4 DAYS
Netherlands
5 DAYS
Germany
4 DAYS
Austria
2 DAYS
China
Myanmar
3 DAYS
3 DAYS
Vietnam
Turkey
4 DAYS
Spain
4,5 DAYS
Portugal
5 DAYS
India
3 DAYS
Thailand
3 DAYS
3 DAYS
Singapore

CONTENTS

PROLOGUE

2日で行く海外

2DAYS

3連休で行く海外

3DAYS

有休や長期休暇で行く海外

4DAY & 5DAYS

限られた時間で満喫するために

週末海外旅の極意

旅のコツをつかめば、時間繰りや準備なども効率よくできるようになります。まずはフライトの時間や航空会社を絞り、アプリやクレジットカードを使いこなしましょう!

POINT

1 フライトは深夜発、早朝着で旅時間を確保

金曜の夜遅くに出て、月曜の早朝帰国するフライトがある場合は、なるべくその便を利用するのがおすすめ。旅時間を確保すれば、週末をまるごと楽しめます。

POINT

2 ポケットWi-Fiを空港でレンタル

海外でインターネットが使えれば安心。ポケットWi-Fiはかさばらないので、1台持っていくのがベスト。事前に予約して空港で受取り、返却すると便利です。

POINT

3 アプリを活用して、時短で気楽な旅を

今は、旅に便利なアプリがたくさんあります。フライトやホテルの予約、翻訳、マップなどを使いこなして、旅を快適にしましょう！　ただし、Wi-Fiレンタルは必須。

POINT

4 荷物は最小限で、現地調達する

私にとっては、荷物の準備が一番面倒。海外で購入できる洋服やコスメは、現地で調達することもよくあります。現地の服を着て、見た目からも異国を満喫するのが楽しい！

POINT

5 異国情緒ある航空会社を選ぶ

現地の航空会社を選べば、到着前から異国の雰囲気に包まれます（たとえば、私はタイへ行くときは、タイ国際航空を利用）。フライトから、一秒でも早く旅を始めましょう！

POINT

6 海外旅行保険はクレジットカード付帯が便利

案外料金も高く、申し込みにひと手間かかる海外旅行保険は、クレジットカード付帯のものがおすすめ。手持ちのカードに保険が付帯しているのか、また使い方も事前に確認を。

航空券・ホテルの手配

日本から直行便が出ている国は43カ国、120都市

（※2018年調べ）

日本からは、世界120都市への直行便が出ています。特にアジアは中国、韓国、台湾、ベトナムなど17カ国62都市と多く、ヨーロッパもフランス、オランダ、ドイツなど14カ国21都市と、気軽に日本から行くことができます。

日本から直行便で行ける都市
（本書で紹介している街に行く場合）

羽田空港（東京国際空港）	香港、台北、ソウル、バンコク、シンガポール、ハノイ、フランクフルト（ローテンブルク）など
成田国際空港	香港、マカオ、台北、ソウル、済州島、ウラジオストク、ハバロフスク、バンコク、シンガポール、ヤンゴン、ハノイ、ダナン、セブ、イスタンブール、アムステルダム、ウィーン、メキシコシティなど
中部国際空港	香港、台北、ソウル、バンコク、シンガポール、ハノイ、フランクフルト（ローテンブルク）など
関西国際空港	香港、マカオ、台北、ソウル、済州島、ウラジオストク、バンコク、シンガポール、ハノイ、ダナン、セブ、アムステルダム、フランクフルト（ローテンブルク）など
福岡空港	香港、マカオ、台北、ソウル、バンコク、シンガポール、ハノイなど
新千歳空港	香港、台北、ソウル、バンコク、シンガポールなど
那覇空港	香港、台北、ソウル、バンコク、シンガポールなど

成田国際空港へのアクセスは、1000円バスが便利

都内から成田国際空港に行く場合におすすめなのが、1000円バス。成田空港第1～3ターミナルまで、1000円のリムジンバスが出ています（所要時間：1～1時間半）。

THEアクセス成田：東京駅か銀座駅発

東京シャトル：東京駅か銀座駅発

成田シャトル：大崎駅発

LCCや航空券の比較検索サイトを使って、最低コストで行く

基本的に飛行機はLCCが安くて便利ですが、居心地のよさが多少落ちるのも事実。ときとして、LCCではなくても便によっては航空会社の安いチケットがあることも。Skyscannerなど航空券の比較検索サイト&アプリを使うと便利です。

LCCとは？

海外では一般的な交通手段として利用される、ローコストキャリア。乗るだけの運賃でサービスは最低限。有料で、機内食やブランケットの貸し出しなどもあります。

日本と海外路線を就航しているLCCは、ジェットスター・ジャパン、バニラエア、ピーチ・アビエーション、春秋航空、スカイマークなどがあります。
※LCCは台風などで遅延、欠航になった場合、自社便への振り替えか払い戻ししか対応しないので注意。
※荷物の重量制限があるので要確認。

Skyscanner

https://www.skyscanner.jp/

航空券比較検索サイト&アプリ。LCCを含め、航空会社、旅行会社など1200社以上のウェブサイトの中から安いチケットを検索できて便利。地域や日付から検索でき、週末限定で、フライト時間など検索条件を絞ることが可能です。

ホテルは便利な予約サイト&アプリで手配

私がいつもホテルの予約に使うのは、Bookig.comやExpediaといったホテルの検索サイト&アプリ。地域と日時を入力すれば、宿泊費順、口コミの評価順など絞って検索できます。私はいつも口コミレビュー点数が8前後以上の中から、予算に合うホテルを探していきます。

Booking.com

https://www.booking.com

世界最大規模の旅行サイト&アプリ。旅のニーズに合った理想の部屋を検索・予約できます。予約手数料が無料で、他社サイトでより安い料金を見つけた場合に差額の返金サービスもあり。Google Mapと連動していて、Map上に予約したホテルがでてくるのも便利です。

Expedia

https://www.expedia.co.jp/

ホテルと航空券を同時に検索する場合に便利。Booking.comのようにホテルだけを検索することも可能です。

旅のおとも

辺境の地へ旅するのでなければ、大抵のものは現地で購入できるので、荷物は最小限を意識して気軽に旅したい。そこで、私が旅して実感した、あえて日本から持って行くべき必需品を紹介します！

スマホ＆ポケットWi-Fi＆ポータブル充電器

困ったことがあればすぐにネットで検索するために必要な、最強トリオ。旅の超必需品です！　私はいつも、グローバルWi-Fiで充電器も合わせてレンタル。

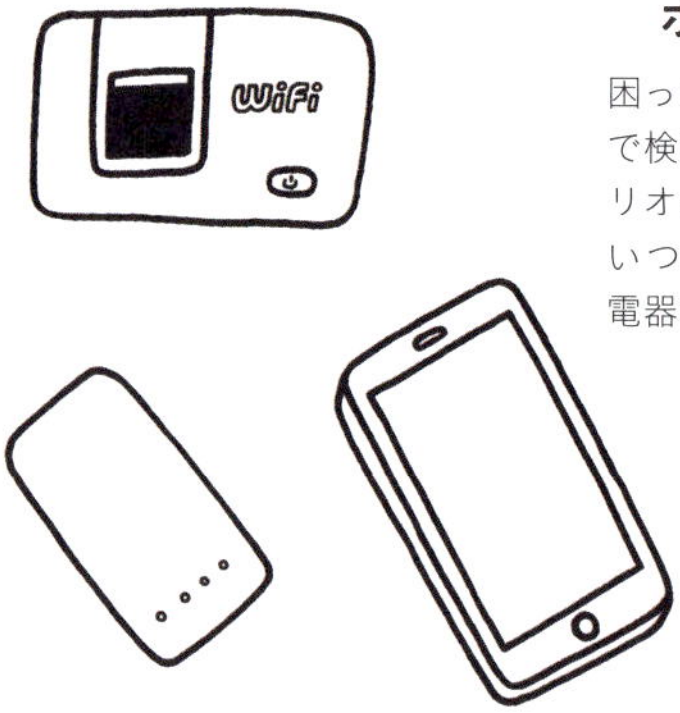

ミラーレス一眼カメラ

せっかくの海外旅行、スマホよりも圧倒的に高画質のミラーレス一眼カメラで撮影するのがおすすめ。Wi-Fi機能があれば、SNSにもすぐアップできます！　重いですが、もちろん一眼レフカメラでも！

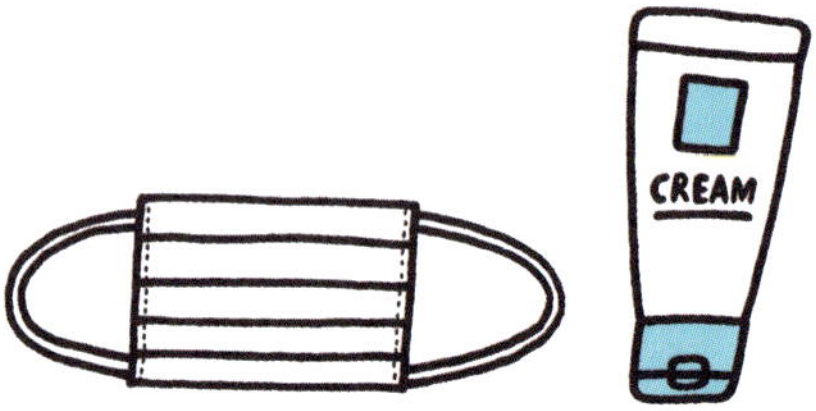

マスク＆保湿クリーム

飛行機の中は乾燥注意。西洋では、乾燥で睡眠中に喉が痛くなることも。海外ではマスクを売っていることは少ないので、必携です。

日焼け止め／カイロ

日本製のものが圧倒的に質と性能がよい日焼け止めは、日本で買っていくべき。寒い地域に行くなら、海外ではレアなカイロも必携。

プリントしたEチケット

事前にオンライン予約した飛行機のEチケットは、念のためプリントして持って行くと安心。入国の際に帰りのEチケットの提示が必要な場合もあります。美術館などの予約チケットも、プリントするのがベター。

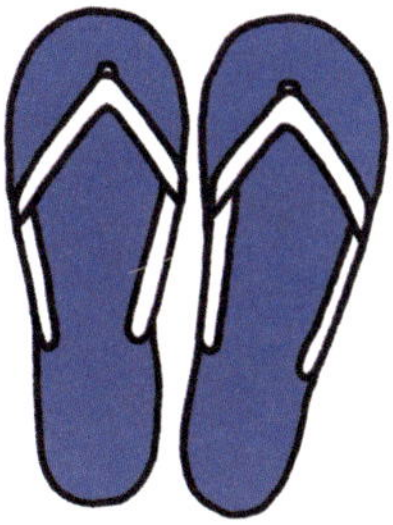

ビーチサンダル

唯一かさばるけど、海外のホテルにはスリッパがないところも多いので、あると便利。

旅してわかった、現地で購入すればいいもの

シャンプー＆コンディショナー

海外には香りのいいオーガニックコスメが多く、帰国後も使えるのであえて現地で購入。そうすれば、行きは荷物も軽い！

洋服

超過密スケジュールをやめる代わりに、洋服は現地でゆっくり見て購入。リゾート風やアジア風など、日本にいるときとは違う自分になったみたいで楽しい！

スケジュールは ゆるいくらいが ちょうどいい

海外旅行となると、準備に時間をかけ、現地でめまぐるしく計画をこなしたくなるもの。私も以前はそうでしたが、あるとき一番観たいものを観る頃には疲れきって、薄〜い記憶しか残っていないことがショックで……。それからは、旅では「一つだけ何かをする」と考え方をシフト。今は、旅の出発直前でもほとんど無計画に近く、「1日目はあれを食べて、2日目はこれを観る！」とだけ決めて、あとは心おきなくのんびり。街をただ歩き、可愛らしいカフェでお茶したり、道端にいる猫の写真を撮ったり、自由気まま。とても気楽で、またすぐ旅に出たくなりました。

本書の使い方

抑えておきたい所を紹介

私が実際に旅した街で、友人に勧めるならこれ！　ということを紹介。

街の情報をチェック

街の概要や印象的なエピソードです。時差やフライト時間も確認！

フライト　時差　通貨　言語

※フライト時間は、直行便の場合の目安です。

※本書に掲載されている情報は2018年９月現在のものです。店舗、レートなどの情報は変更となる場合がございます。

2

DAYS

2 DAYS

香港

HKG

／

中国

City / Country

美食と買い物を楽しむ、高層建築群とネオンの街

Hong Kong

Data

約5時間

－1時間

香港ドル
（1HKD＝約14円）

中国語、英語

新旧交錯する巨大な高層建築群やマンションが、頭上を覆うように建ち並ぶ香港。イギリスの植民地だった名残で、2階建てバスが道路を往来している光景も見られます。さらに原色を使った看板や、夕刻になると街が発光し始めるかのように光り輝くネオン、その間を行交う大勢の人に、アジアの風格と喧噪を感じて旅情に浸ります。香港らしさを極めるなら、巨大なショッ

ピングモールや、高級ブティックの一角を抜け出し、よりローカルな怪獣マンションや骨董品がずらりと並ぶ路地を散策しながら、地元の人が行列をつくる激旨グルメを堪能するのがおすすめ。夜は毎日20時に香港島と九龍《クーロン》半島の間にあるヴィクトリア・ハーバーで開催される、光と音のショー〝シンフォニー・オブ・ライツ〟を鑑賞して、香港の旅を締めくくりましょう！

上環～中環地区を歩いて、骨董品やヴィンテージ雑貨を見つける

モダンなおしゃれを極めている香港の中で、下町の風情がうんと残っている香港島。上環《ションワン》地区の摩羅上街《アッパーラスカーロー》から中環《セントラル》地区まで歩いて散策してみると、中国らしいレトロな雑貨や、今すぐ使いたくなるような素敵なヴィンテージアクセサリーなどを売る、わくわくするお店に出会います。キャット・ストリートと呼ばれる摩羅上街は、昔から骨董品を売っている路地。レアな絵柄の食器や高級骨董品のレプリカなどが手頃な価格で売られ、値段交渉もドキドキで楽しい。

中環にあるのは、おすすめのヴィンテージセレクトショップ〝Select-18〟です。女子ならきっと「可愛い！」と叫びたくなる、夢のようなお店。ハイセンスなアクセサリーや洋服、靴、バッグ、雑貨が、小さな店内にぎゅっと詰まっています。人気スタイリストだというオーナー、トーマス氏に聞くと「これはアメリカのヴィンテージ」「それは若手アーティストのハンドメイド」など、商品について教えてくれます。1つずつ丁寧に物色しては試着して、私はヴィンテージイヤリングを購入しました。さっそく耳につけて、ウキウキしながら街歩きを再開！

所狭しと並ぶ商品は、
どれも可愛い！

1 ヴィンテージ雑貨が揃うお店。
2 アクセサリーも充実で迷います。

人気店でお気に入りを見つける

写真館のセットのような内装の店内は、フォトジェニック。オーナーも気さくに写真撮影を許可してくれるので、存分に撮影できて楽しい！　私が来店しているときは地元のモデルさんが撮影に来ていました。メガネやレコードなど、男性に人気の商品も多数あるので、男性客も多いですよ。

じっくり物色して、
自分好みの一品を

Select 18& Mido Eyeglasses

18 Bridges St, Tai Ping Shan, Hong Kong

2549-2589

営 12：00〜23：00（木〜土曜）、12：00〜20：00（日曜・祝）、12：00〜21：00（月〜水曜）

摩羅上街《アッパーラスカーロー》

Upper Lascer Row, Sheung Wan, Hong Kong

営 10：00〜18：00頃（店舗により異なる）

摩羅上街で骨董品を探す

高級骨董品から、そのレプリカ、ノスタルジックなレトログッズやばらまき土産まで、おもちゃ箱をひっくり返したかのように雑然と商品を売る店が、上環の摩羅上街にあります。ここで、香港の思い出にと雑貨をゆっくり物色するのも楽しい。私は、骨董品のレプリカで、カエルの置物を購入！

香港一のディープスポット、“怪獣マンション”を見学する

昨今、ネット上で話題となり、香港で最もディープだと有名になっている、鰂魚涌《クオーリーベイ》の益昌大廈《えきしょうたいか》は、益發大廈、海景樓、海山樓、福昌楼、益昌樓の5つのカラフルな高層団地がEの字に並び、圧巻の光景となっているスポットです。怪獣マンションや、モンスタービルと呼称され、映画『トランスフォーマー』のロケ地にもなった、大迫力の超密集住居群なのです。少しわかりにくいですが、海景樓と海山樓の団地の間が入り口になっていて、中に入ると空がすっぽり抜けるような中庭的空間が広がり、真下から空に伸びる団地を仰ぎ見ることができます。

団地の1階は美容室や飲食店があり、団地のベランダには洗濯物が干されていたり、観葉植物が置かれていたりと、地元の人の暮らしを垣間見ることができます。華やかな表の香港に対して、ここは一歩奥に踏み込んだ裏の香港という印象で、ちょっと冒険的な旅がしたい人にはおすすめ。太古《たいこ》駅から中環へ向かう方向へ歩くと、約10分で到着します。

日常を営む地元の方に敬意を払い、私有地に入らないように見学。う〜む、圧巻！

WOW!

地元で暮らす人の生活に配慮して見学を

地元の人の暮らしを守るために、現在は写真撮影禁止（見学は可能）となっています。怪獣マンションは、外側や周辺にも超密集住宅群が連なっているので、中庭からでなくてもディープな香港を体感することができます。外からなら写真撮影も充分楽しめます！

excite

中庭からの景色は圧巻！

住居と思えないような、アーティスティックな光景。様々な媒体や個人のSNSで紹介され、写真欲に駆られた人たちがこぞって撮影にくるほど。団地群の間にすっぽりと抜ける空は、天気や時間帯によって刻一刻と装いを変え、まるで光の芸術家ジェームズ・タレルの「オープン・スカイ」（地中美術館／直島）のよう。

益昌大厦《えきしょうたいか》

🏠 1046, King's Road, Quarry Bay, Hong Kong

営 一般住宅地なのでいつでも見学可能。地元の方の生活時間に配慮しましょう。

地元の人たちと相席して、世界一安いミシュラン星つき飲茶を食べる

香港の人が週末や朝ご飯にとこよなく愛する飲茶。街のあちこちで、飲茶屋さんを見かけます。その中でも、開店前から長蛇の列をつくる大人気の飲茶レストラン〝添好運點心専門店《ティムホーワンテンシンセンモンテン》〟は、世界で一番安いと言われるミシュランの星つき飲茶屋さん。香港にいくつか店舗がありますが、最もローカルな雰囲気を楽しめるのが深水埗《サムソイポー》店です。九龍島の繁華街からやや離れた場所にあり、深水埗駅や太子駅から徒歩8分ほど。雑居ビルの1階にあり、地元の人たちも朝から家族連れで並んでいます。進化し続ける香港らしく、これまでの飲茶の概念を塗り替えるような、進化した飲茶が人気のようです。

開店と同時に満席となって、相席必須。メニューとにらめっこしていると、相席した地元のご夫婦に「これは絶対に食べて！」とおすすめされたのが、煎《ジン》蛋牛《ニー》肉《ロー》飯《ファン》。濃厚なタレがたっぷりかかった牛丼に、目玉焼きがのったスタミナご飯という感じ。ほかにも、甘い蒸しパンの香滑馬拉糕《ヒョンワッマーライゴウ》やぷりぷりのエビが入った蒸し餃子の晶瑩鮮蝦餃《ジンジンシンハーガオ》など、定番の飲茶も楽しめて大満足！飲茶は、注文した料理がすぐに来るのも嬉しい。

yummy!

進化した香港飲茶を
堪能しよう！

日本人も絶賛の飲茶

お店の定番メニューで、進化した香港飲茶の代表といえる、サクサクのメロンパンの中にたっぷりとチャーシューが入った“酥《ソウ》皮《ペイ》焗《啅吵》叉焼包《チャーシウバウ》”は、香港ツウの日本人も大絶賛する味。病みつきになる甘辛さは、日本人好み間違いなし。１人で軽く２個は食べられます。お持ち帰りも可能。

定番の飲茶も、
もちろん美味しい！

Check

開店前から並ぶ超人気店

１時間以上待つことも覚悟の人気店なので、なるべく開店前から並びましょう。店内は相席が当たり前ですが、地元の人たちと交流できる楽しい経験となります。太古駅近くには香港名所の金魚街や花園街があり、ビニール袋に入って売られている金魚や、カラフルで美しい花を眺めながら、食後に散策するのもおすすめ！

添好運點心専門店《ティムホーワンテンシン》 深水埗店《サムソイボー》

G/F,9-11 Fuk Wing St, Sham Shui Po, Hong Kong

2788-1226

営 10：00〜21：30（月〜金）
9：00〜21：30（土・日）

休 なし
※カード不可

2 DAYS

マカオ

MAC

／

中国

西洋と東洋がモザイク的に混じり合う、美味しい街

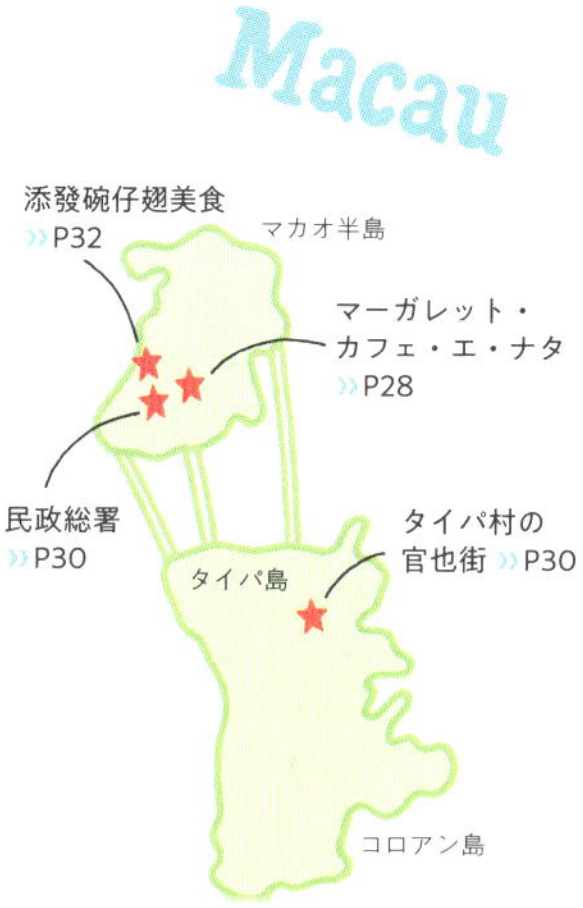

Data

約4時間半

－1時間

マカオパタカ／アボス

（1MOP＝100アボス＝約14円）

中国語、ポルトガル語

まるでヨーロッパに来たかのように、夢のような美しい街並みに出会えるのがマカオ。渦巻き線香の懐かしい香りがほんのりと街に漂い、アジアらしい煌びやかな高層建築が林立する隙間に、かつてポルトガル植民地だった頃の名残が見られます。モザイク模様の石畳が続く道や壮麗な※1アズレージョの壁、パステルカラ

ーのカラフルな建物や教会といった[※2]コロニアル建築群など、街中を散策しているうちに、日本から遥か遠い西の果て、ポルトガルへ辿り着いた気分に浸ります。東西の歴史や文化が合わさった独特な街の景観は、一部が世界遺産になっているほど。食事やおやつに、ポルトガル伝来の美味しいスイーツや中華料理の美食を一度に味わえるのも贅沢。ぷらぷらと街を食べ歩くだけでも楽しめるのがマカオの魅力です。

※1アズレージョ
ポルトガル伝統の青い装飾タイル

※2コロニアル建築群
植民地時代に建てられた建築

WANT TO EAT

マカオで食べたいもの

超人気のマーガレット・カフェ・エ・ナタで、絶品エッグタルトを食べる

マカオ名物のスイーツには、杏仁豆腐や牛乳プリン、マンゴーを使ったゼリーやパフェなど多々あって、スイーツ巡りにも心踊ります。その中で私がはまって、いくつも食べ歩いたのは、〝パステル・デ・ナタ〟というスイーツ。ポルトガル語で〝玉子のお菓子〟という意味で、ポルトガルの伝統菓子、エッグタルトのことです。カリッと焼きあがったパイ生地の真ん中に、たんと焦げ目のついた、とろとろのカスタードクリームがのって、焼きプリンのよう。できたてのアツアツを紙袋に入れてもらい、食べ歩きするのが至福のとき。

街のあちこちのベーカリーやカフェで、各店舗オリジナルのエッグタルトが競うように売られています。パイ生地の硬さ、クリームのとろみ、甘さなどが様々で、自分好みの味に出会うまで食べ比べするのも楽しい！　私の一番のおすすめは、マカオ半島の繁華街から近い「マーガレット・カフェ・エ・ナタ」。美しいアズレージョの壁に出会えるAvenida de dom joão iv通りを歩いて裏路地に入るとすぐ　長蛇の列が見えます。多国籍の人たちみんなが笑顔になる、マカオに来たら必須のお店です。

1日10000個売れる、超人気店

ここは、マカオ通の観光客も地元の人も、「一番美味しい！」と口を揃えるベーカリーのようです。1日10000個焼いても、売り切れることが多いとか。朝8時頃からすでに長蛇の列ができていますが、意外とさくさく順番が進むので、諦めずに夢のエッグタルトを！サンドイッチなどの軽食もとれるので、ランチにもいいかも。

マカオに来たら食べたい一品！

焼きたての絶品をその場で！

できたてのエッグタルトの重みと熱さが伝わり、思わずにんまり。以前ポルトガルでも食べたことがありますが、本場よりもクリームが濃厚でほどよい甘さ、カリッとしたパイ生地はサクサクで軽い食感です。1個10パタカとお手頃価格で、冷めても美味しいので、1人最低2個は買うべし！

マーガレット・カフェ・エ・ナタ
（瑪嘉烈蛋撻店／Margaret's Café e Nata）

- 🏠 澳門馬統領街金利來大廈17B地舗
- 📞 2871-0032
- 営 8：30〜16：30（土・日は〜18：00）
- 休 水曜

※イートイン可
※クレジットカード不可

WANT TO SEE

マカオで観たいもの

タイパ地区＆民政総署で、気軽にポルトガル気分を味わう

マカオには、セナド広場やラザロ地区など、モザイクの石畳が美しい通りや、ポルトガル伝統のアズレージョを使った壁や道の標札、オレンジ色に光る外灯など、西洋のエッセンスがあちこちに散らばっています。

特に私が好きなのは、アジアらしさも味わえるタイパ地区。もともと小さな島だった地区で、マカオ半島に暮らすポルトガル人の別荘地でした。数十年前に、南部のコロネア島との間の海域が埋められ、陸続きになりました。お土産を買ったり、伝統菓子を試食したり、食べ歩いたりするのが楽しい官也街《クンヤーガイ》があり、多くの観光客で賑わって活気があります。官也街を抜けた小高い丘の上には、クリームイエローの可愛らしいカルモ教会がひっそりと佇み、さらに異国情緒を覚えます。

かつてポルトガル統治下の澳門市政庁で、現在はマカオの地方自治局として使われている民政総署の中もおすすめ。まるでヨーロッパの街中にあるアジア人街の一角にいるような雰囲気は、とてもフォトジェニック。絶妙な中洋折衷の街並みが魅力のマカオで、のんびり歩くだけの旅も、贅沢で素敵です。

風情ある街並みのタイパ地区

マカオ半島の繁華街からバスに乗って20分程で、旧市街のタイパ村に着きます。目抜き通りから細い裏路地へと足を踏み入れてみると、一瞬にして、西洋の街の路地にも思える佇まいに変わります。縦横無尽に散策していると、アズレージョをふんだんに使用した可愛らしいレストランがあったので、ワインを一杯飲んで一休み。

beautiful

1 民政総署の中にも、素敵なアズレージョの壁が。
2 街中にもタイルが施され、ポルトガル統治時代を感じる。

西洋に迷い込んだような風貌の民政総署

セナド広場の向かいに、世界遺産の民政総署があります。コロニアル建築の建物で、ヨーロッパにある白塗りの市庁舎のような佇まい。中庭と２階の図書館などは入場無料です。正面入り口から階段を上って中庭に出ると、青色の壮麗なアズレージョと、丁寧に手入れされた花々が美しい、絶好のフォトスポットが現れます。

タイパ村の官也街《クンヤーガイ》

澳門【乙水】仔官也街
営 各店舗による。レストランは23時まで、土産物屋は21時過ぎまで営業しているところが多い

民政総署

澳門亞美打利庇盧大馬路（新馬路）163號
2833-7676、2857-2233（図書館）
営 8：00〜21：00（図書館は13：00〜19：00／議場は10：30〜12：00、15：30〜17：00）
休 年中無休（図書館は日曜、祝日休み／議場は土曜、日曜、祝日休み）
※入り口横にあるショップでは、アズレージョ柄の雑貨などを販売

WANT TO EAT

マカオで食べたいもの

フカヒレ通りでフカヒレスープを食べて、ぷるぷるの美肌を手にいれる

高級食材とされるフカヒレスープも、マカオでは安く美味しく、ローカル食堂で食べられます。高級中華料理店でなければ、なかなかフカヒレスープが食べられない日本からしたら、ファストフード的にさくっと食べて、すぐに店を出られるのは贅沢の極み！　特にマカオ半島のセナド広場からも近く、一大グルメ通りとも言われる福《フッ》隆《ロン》新《サン》街《ガイ》は、フカヒレ料理店のオンパレード！　老舗食堂もあれば、次から次へと新店舗もできて、歩いているとお腹が鳴ってしまう場所です。

そこで、常に10人ほどが列をつくっているお店が、フカヒレスープの老舗、添《ティム》發《ファッ》碗《ウン》仔《チャイ》翅《チー》美《メイッ》食《セ》。ここは、マカオツウの観光客も毎度必ず立ち寄るというほどの、絶品かつ手頃な価格で人気のお店なのです。店内は数人しか座れず、相席必須でこぢんまりとしていますが、メニューはフカヒレ関連の10種類ほどしかないためか、回転がとても早く並んでもすぐに順番が来ます。コラーゲンたっぷりのフカヒレがごろっと入ったとろとろのスープは、旨味成分がじわりと染み出た上品な味。女子にとっては、美肌に嬉しい料理です！

たっぷりのフカヒレを手頃に！

店の前は常に行列ができています。私は、95パタカの招牌海参花膠大隻翅を注文しました。フカヒレとナマコ、魚の浮袋が入ったスープです。注文後、アツアツの土鍋がすぐにテーブルにやってきて、そこでお支払い。つやつやしたあんかけスープの中には、一人前とは思えないほどの量のフカヒレが沈んでいます！　本物の味に大満足。

great

フカヒレ通り……
名前からして
美味しい

fun!

1 乾物屋とその店番をする、猫店長。
2 乾物屋やフカヒレ料理店が並ぶ、福隆新街。

フカヒレ通りを散策！

フカヒレの乾物などを売る海産物の問屋や、フカヒレ料理を出すレストラン、食堂が軒を連ねる福隆新街。白い外壁の店の看板は赤く、店名は金色でほぼ統一されていて、福々しい雰囲気の老舗通りです。ふらっと立ち寄った乾物屋さんには、可愛らしい猫店長がいました！

添發碗仔翅美食《ティムファッウンチャイチーメイッセ》

澳門新馬路福隆新街18號地下
6650-8211
10：00〜22：00
不定休
※クレジットカード不可

2 DAYS

台北

TPE

／台湾

City / Area

レトロな雰囲気の漂う街で、食と文化に触れる旅

Data

約3時間

－1時間

台湾ドル

（1TWD＝1元＝約3.6円）

中国語

昭和初期の頃のような懐かしい家並みや、看板や標識のレトロな書体など、東南アジアの中で、日本人が最もノスタルジックな気分になる街の一つ、台北。近年日本人が訪れる世界中の観光地で、一番人気がある街だとも言われています。かつて日本統治時代があったため、日本語を話す台湾人もいれば、日本の文化

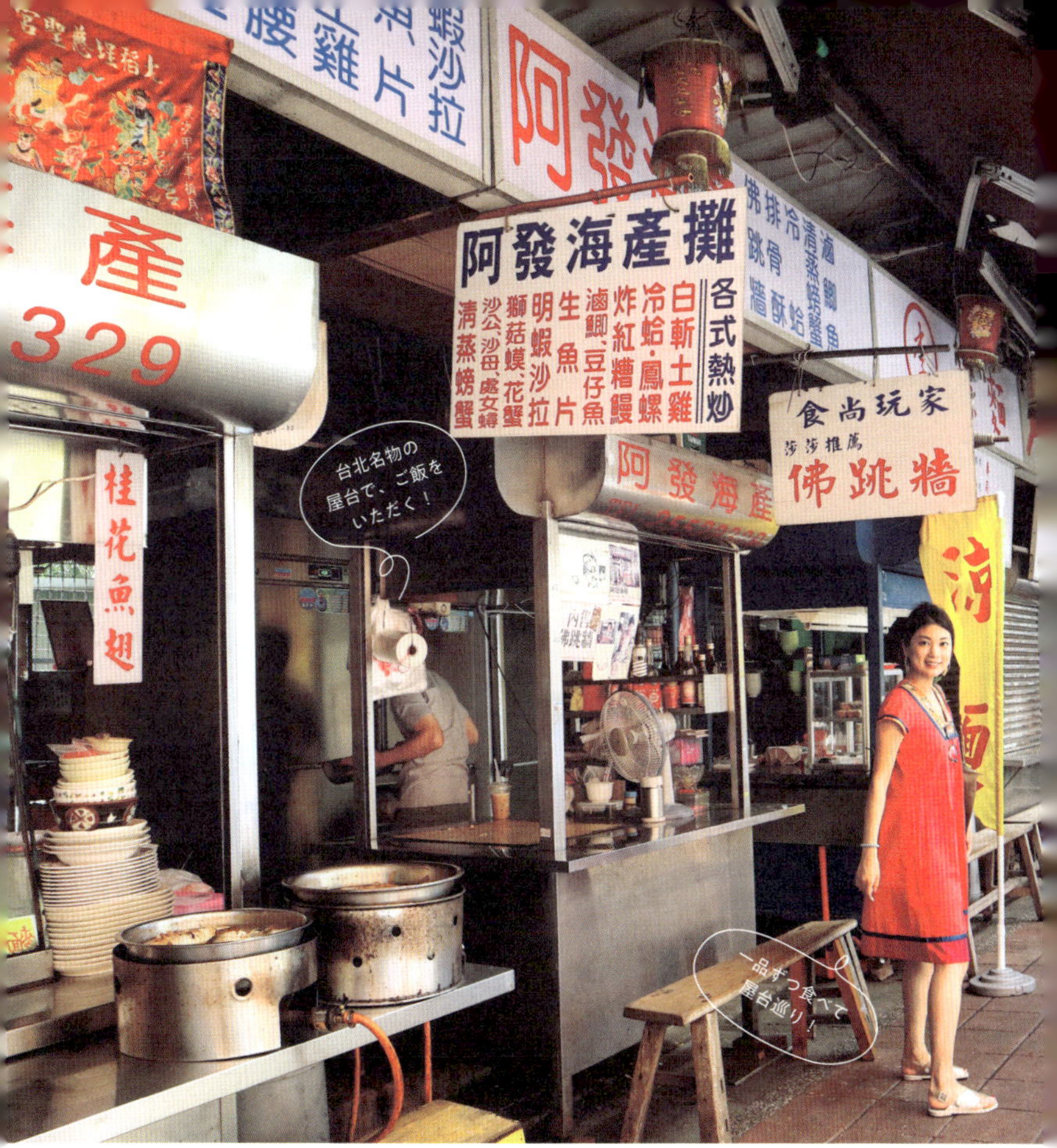

に憧れて日本語を勉強したという若者もいて、親日ムードが漂います。
　歩けば必ずといっていいほど、人気のローカル食堂があって、朝から大勢の地元の人が列をつくっていたり、店先の調理場で料理をしていたりと、台湾名物といえる光景にも出会えます。台北で美味しいローカル飯を食べ歩きながら、有名な占いを受けたり、レトロな雑貨を買ったりして過ごすのはいかが？

買い物も、グルメも楽しめる街！

台北の激旨グルメを堪能するべく、朝ご飯をはしごする

台北の街をぶらぶら歩いていると、行列ができているローカル食堂をいくつも見かけます。美味しそうなにおいがふわっと鼻に届き、地元の人たちにつられて列に並んでしまう観光客も多いはず。百年続く老舗の商店や問屋が軒を連ね、台湾で最もレトロな雰囲気がある迪化街《ディーホアジエ》の、一本平行した通りを進んだ先にある〝延平北路三段〟は、夜になると延三夜市で賑わう台北屈指の美食ストリート。この延三夜市からすぐ近く、大橋頭駅から徒歩3分ほどの所に、朝6時からオープンしている大人気のローカル食堂〝大橋頭《ダーチャオトウ》老牌《ラオパイ》筒《トン》仔《ツァイ》米糕《ミーガオ》〟があります。

無数にあるローカル飯の中で、台北に来たら毎日でも食べたくなるのが、筒状おこわ〝米糕《ミーガオ》〟の肉ご飯です。脂の少ない痩《ソウ》肉《ロウ》もありますが、私は絶対に脂の多い肥肉《フェイロウ》を注文！　注文カウンターの目の前に数台の蒸篭があり、筒状の米糕を炊いています。注文すると、そこから米糕を取り出し、とろとろの肉をのせてくれます。付け合わせに、出汁のきいた魚のつみれスープ〝魚丸湯《ユーワンタン》〟と煮卵を注文して、しっかり朝食。意外と肉ご飯があっさりとしているので、もう一杯おかわりしたくなります！

地元の人と並んで、ローカル朝ご飯をいただく！

地元の人たちと隣に並んで、カウンターでいただきます。お店の秘伝のタレ（チリソース）をかけて、辛く味を変えても激旨。とろとろの肉ご飯は、ものの10分くらいで完食！　煮卵、魚のつみれもしっかり味がついていて美味しい。おかわりは我慢して、せっかくなので別の店へはしごするのも、贅沢な朝ご飯の楽しみ方です。

筒状のおこわに、
とろとろの肉が！

Yummy!

Check

カリカリのしらすが
香ばしい炒飯（50元）

1 屋台でいただく朝ご飯も、台北らしい。
2 店のおばちゃんが目の前でつくってくれます。

レトロな屋台で地元グルメ

大橋頭老牌筒仔米糕から徒歩８分ほど、延平北路三段から小径に折れると、屋台がずらっと並びます。その一つが、台北でも珍しいカリカリのしらす炒飯を出す“阿蘭大鼎魩仔魚炒飯”。笑顔の素敵なおばちゃんが、鉄板の上で豪快に炒飯をつくる過程を見るのも楽しい。「オイシイヨ」とおばちゃん自らの太鼓判つき。

大《ダー》橋《チャオ》頭《トウ》老《ラオ》牌《パイ》筒《トン》仔《ツァイ》米《ミー》糕

🏠 台北市大同區延平北路三段41號
📞 02-2594-4685
営 6：00〜16：00
休 火曜、ほか月に２日ほど休み

阿蘭大鼎魩仔魚炒飯

🏠 台北市大同區保安街49巷17號（慈聖宮小吃街）
営 9：00〜16：00
※屋台の裏側に飲食スペースあり
※クレジットカード不可

台北通が大好き！ おしゃれ文化を牽引するVVGのブック＆カフェへ行く

台北の若者たちのアートシーンを牽引する、クリエイティブな文化施設が華山《ホアサン》1914《イジョウイスー》文創園區《ウェンチュアンユエンチィー》。もともとは、日本統治時代の1914年に創業した、日本芳醸株式會社の酒工場でした。その跡地に、若者たちが壁画などを描き始めたことから、アート空間として再利用されるようになり、生まれ変わりました。おしゃれなカフェやレストランが入っており、観光客のみならず、地元の若者たちも利用しているようです。

ここに、台湾通にはお馴染みの、台湾のおしゃれ文化を牽引してきた〝VVGグループ〟のカフェ＆書店があります。VVGグループは、台北市内にビストロやカフェ、書店など6店舗を展開させており、華山1914文創園區の一角にも、アーティスティックで夢のような空間を実現させています。赤煉瓦の外観は当時のまま残し、内装にはまるでおとぎの国の可愛らしい家さながらの、女子心やアーティスト心をくすぐるこだわりが満載。2階の書店には、書棚の間に関連雑貨が置いてあったり、本の世界観を現実化したようなインテリアが飾られていて、つい欲しくなってしまいます！

こだわり抜かれた空間を満喫

赤煉瓦の瀟洒《しょうしゃ》な洋館の扉を開くと、美しい観葉植物が出迎え、天井まで吹き抜けのエントランスが広がります。1階はカフェスペースで、足元から天井までこだわり抜かれた内装に心を奪われます。アンティーク家具や海外のインテリアがハイセンスに置かれ、西欧の美しい洋館でお茶をいただくような夢心地に。スタッフもおしゃれ！

カフェでのんびり
過ごすもよし！

Cool

気になる雑貨が
いたるところに！

建物の再利用が進む台北

台北では日本統治時代の建物が近年注目を集め、再利用する動きがあるそう。華山1914文創園區は、そのシンボリックな存在。建物をよく観察すると、外観の赤煉瓦は当時のままで、店内には古い建材を再利用してカフェの天井枠に使うなど、最大限もとの姿を生かして、利用・保護されています。建築に興味がある人にもおすすめのスポットです。

VVG Thinking（好樣思維）
㊎ 台北市八德路一段1號（華山文創園區）紅磚六合院／C棟
☎ 02-2322-5573
㊮ 12：00〜21：00
㊡ なし
※クレジットカード可

fun!

WANT TO DO

台北でやりたいこと

占いの街・台北で、有名日本人占い師に助言をもらう

台北で人気の日本人占い師、龍羽ワタナベ先生が経営する「占いの館 龍の羽」。占いには様々な占術がありますが、大きく分けて命・卜《ぼく》・相の3種類に分類されるそう。命と相は統計学を用いて、生年月日や名前から占い、卜はタロットカードや易《イーチン》カードなどを用いて、現在の状況や近い将来の成り行きを占います。「相談内容に応じて的確な占術を組み合わせ、開運術をみていきます」というのが龍羽先生のやり方。一つの占術だけでは、なかなか正確な開運術に導けないのだそう。

私は、5年前に台北で先生に占いをしていただき、恋愛や結婚、仕事のことなどをみてもらったのですが、「あなたは結婚に向いてない、仕事の人！」と言われました。たしかに、結婚の「け」の字も縁がなく、ひたすら旅をして、書いたり撮ったりする仕事にあけくれています。そして再訪したとき、日々変化の多い仕事や日常に、地に足が着いていないようで、いささか自己嫌悪感を持っていた私に、「あなたは水のように風のように、流れるように生きていく人」と助言が。日々変化があるのは、私の人生では自然なのだと思えて心が軽くなりました。

異国の地で占う
開運のためのアドバイス

友人と台北を旅したとき、一緒に占いの館を再訪しました。彼女の悩みは「転職すべきか」。生年月日から「すでに変化のときにある年が来ている」と言われ、さらに先生が使ったのがオリジナルの易カード。「さあ、引いてみて」と言われてめくった1枚を見て、「大丈夫よ、あなたが信じたように、次のステージへ行くとき」と。

私のオリジナル
易カードでみますよ

助言をもらい、心機一転

中国の占いの歴史は深く、街中に占ってもらえる場所があります。龍羽先生は、生年月日における生まれ持った運命の改善や、「こうしたらいい」という具体的な問題回避のアドバイスをするのが鑑定だと言います。だからちょっと怖い結果を言われても、次第にポジティブな気分になれるから不思議！　友人も心が固まったそうです。

占いの館「龍の羽」

台北市南京東路一段13巷９號
02-2563-0601（日本語可）
㊫ 12：00〜21：00（最終受付20：30）
㊡ 水曜
※クレジットカード不可

2 DAYS

City / Area

新北投

XBT

／

台湾

台北から日帰りでも行ける、レトロな温泉街

地下鉄でぱぱっと行ける、温泉旅！

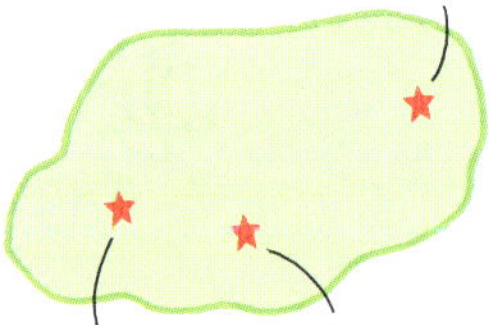

Beitou

台北駅からMTR淡水線に乗って半時間あまりで、台湾屈指の温泉郷、北投《ベイトウ》に着きます。ここは、１８９４年にドイツ人によって温泉が発見され、１８９６年に日本人の平田源吾が台湾で初めての温泉宿を開業したことで、日本の温泉文化が台湾に入ってきた温泉郷です。豊かな緑に囲まれた山間にある温泉街は、硫

Data

約３時間

－１時間

台湾ドル

(1TWD＝1元＝約3.6円)

中国語

黄のにおいが漂い、ノスタルジックな雰囲気。源泉の地熱《ディーラー》谷《グー》には年中硫黄の湯煙が立ち上っています。白硫黄泉、青硫黄泉、鉄硫黄泉の3種類の泉質が1つの温泉地で湧く珍しい所ですが、ほとんどの宿では白硫黄泉を引いているようです。有名な和旅館「日勝生加賀屋」や高級リゾートホテル「グランドビューリゾート北投」でも日帰り入浴が可能。公衆浴場「千禧湯」は、水着着用の混浴で露天風呂を楽しめます。

異国の温泉街で
リラックス

WANT TO DO

新北投でやりたいこと

五つ星ホテルの温泉つき部屋に泊まって、まったり癒される

台湾でのんびりとくつろぐ方法の一つとしておすすめしたいのが、台湾市内ではなく、北投温泉に泊まること。日本でもなかなか体験できないような、各部屋に広々とした温泉風呂がついているリゾートホテルがいくつかあります。その中で、五つ星の最も高級なホテルが、昨年オープンしたばかりのグランドビューリゾート北投。北投の山間の上の方にあり、MTR淡水線の北投駅から送迎バスサービスを利用できます。客室のバルコニーや部屋の温泉風呂にゆっくりと浸かりながら、静かな温泉郷を見下ろせる贅沢さ。広々とした大浴場は、サウナや温泉熱で温められた岩盤浴も楽しめるほか、リクライニングチェアで雑誌を読んだり、無料で提供されているドリンクを飲んだり、好きなだけ満喫できます。大浴場は宿泊者以外でも、日帰り入浴が有料で可能です。ホテルには日本語を話すスタッフもいて安心。機転を利かせてくれるホスピタリティも感動的です。朝食は台湾スタイルか洋風スタイルを選べ、どちらも美しい盛りつけと新鮮な食材で、朝から贅沢な気分になれます。北投観光のハイライトである地熱谷へも歩いて行けます。

good

選べる朝食で、
私は台湾スタイルを
選択！

贅沢気分に浸れる素敵な空間

グランドビューリゾート北投は、台北市内にある高層タワー“台北101”を手がけた建築家の李祖原氏が設計しています。モダンで開放的な施設は、建築好きな人にももってこい。客室やレストラン、テラスも、良質な泉質の温泉を楽しめる大浴場も、美しいデザインで極上のリゾート気分を味わわせてくれます。

Relax

嬉しいサービス満載の宿

客室のサービスが素晴らしく、スキンケア用品一式など充実したアメニティや、ふわふわのスリッパ、可愛らしいパジャマがあり、女子心をくすぐられます。部屋の温泉風呂に浸かって体を温め、パジャマに着替え、部屋に用意されている炭酸水やフルーツジュースを飲んでのんびり過ごすのは、至福のとき。冷蔵庫に入っている飲み物やスナックもすべて無料。

最高のおもてなしが
受けられる

グランドビューリゾート北投
（北投麗禧温泉酒店）

台北市北投區幽雅路30號
02-2898-8888
※クレジットカード可

もわもわと湯気の立ち上る天然温泉で、パワーを注入する

北投駅から乗り換えて一駅、新北投駅で降りると、観光のハイライトである源泉の地熱谷へ行けます。駅を出て、北投公園を通り、ちょろちょろと流れる湯の川こと北投川に沿って、上流の方へと小径を歩いていくと、徐々に川の水温が高くなり、硫黄のにおいが一層強くなっていきます。

やがて、清涼な自然の中にエメラルドグリーンの源泉、地熱谷が現れます。もくもくと硫黄の湯煙が立ち上り、とても幻想的！　日本統治時代には、台湾八勝十二景の一つにも選ばれたほど、昔から美しい景勝の地として親しまれてきた、絶好の写真スポットです。源泉は80度〜100度の熱さなので、真夏でもふわふわと湯煙があがります。真冬に来ると、より巨大な湯煙を堪能することができます。ここは、美しくも危険な印象があるため、〝地獄谷〟などと言われることもあるそう。

地熱谷へと続く小径には、いくつか宿や土産物屋さん、商店があったりと、地元ののどかな雰囲気に癒されます。また、公衆浴場（混浴）もあり、水着着用で楽しめるので、異国の老若男女と一緒に、日頃の疲れを吹き飛ばしましょう！

散策してみて出会える思わぬ所の絶景

地熱谷の近くにある北投温泉親水公園を散策すると、フォトジェニックな一角に幾度となく出会います。ふらふらと彷徨うように歩いてみると、いつの間にか遥か遠い昔に遡ったような錯覚がしたり。かつて日本人が多く暮らしていた時代に思いを馳せるのも、素敵な旅の時間ではないでしょうか。

beautiful

湧き上がる源泉を眺める

熱気でむんむんとする源泉を眺めていると、底の方から水面まで、ぷくぷくと泡が立ち上っているのが見えます。昔はここで温泉卵をつくる人たちもいたそうです。より美しいエメラルドグリーンの源泉を眺めたいなら、夏場のほうが湯煙が少なく、おすすめかもしれません！

excite

地熱谷《ディーラーグー》

台北市北投区温泉路
02-8733-5678
営 9：00〜17：00
休 月曜

エコ建築が素晴らしい、台湾で最も美しい公立図書館を訪れる

自然豊かな樹木に恵まれた北投温泉親水公園の中に、「世界で最も美しい公立図書館ベスト25」（2012年）に選ばれたことがある、台北市立図書館北投分館《タイペイスーリートゥーシューグァンベイトウフェングァン》があります。光が入り込む大きなガラス張りの窓と、木材を使ったぬくもりたっぷりの建築で、まるで森の中のコテージやツリーハウスにいるような、とても気持ちがいい場所です。ここは、台湾初のエコ建築としての証明書も獲得した図書館。屋根には太陽光発電パネルが設置され、館内の電力に使用。屋上の芝生には特殊な排水設計がされて、雨水を周囲の木々の水やりや、館内のトイレなどに利用しています。館内もエコ塗料が使用されていて、有害物質の排出を最大限抑えているそう。こうした工夫をして、周囲の美しい自然に優しく寄り添うように建てられています。地元の人たちが利用しているので、邪魔にならないように見学。勉強している学生や、本を読みながらうとうと居眠りを始めてしまうおじいちゃん、子どもに絵本を読み聞かせるお母さんなど、穏やかな日常が流れています。本の香りがする書棚の間を歩き、パラパラと写真集などを眺めると、小さな幸せに包まれます。

Cool

各所で選ばれた美しすぎる図書館

木のぬくもりと光にあふれる図書館の中は、美しいデザインに惚れ惚れとします。あちこちにフォトジェニックな空間があり、思わずポーズを決めたくなるほど。2018年にはアメリカの雑誌「VOGUE」を出版しているコンデナスト社が選ぶ「世界で最も美しい図書館20」にも選ばれました。北投に来たら、ぜひ訪れたい場所です。

great

自然に溶け込む優しい建築

台湾初のグリーンビルディングとして注目を集める図書館は、外観も美しいので見学を。そこから徒歩３分ほどのところに、1913年に建てられたレンガ造りの洋館「北投温泉博物館」もあります。日本統治時代、静岡県の伊豆山温泉をモデルに建設した、かつて東南アジア最大の公共浴場だったのが、博物館の前身です（※2018年９月現在　工事中）。

台北市立図書館北投分館

台北市北投区光明路251号
02-2897-7682
営 8：30〜21：00（日・月曜は9：00〜）

2 DAYS

City / Area

平渓線（十分～猴硐～九份）／台湾

PNX

台北郊外のノスタルジックな炭鉱の町跡を、ぶらり電車旅！

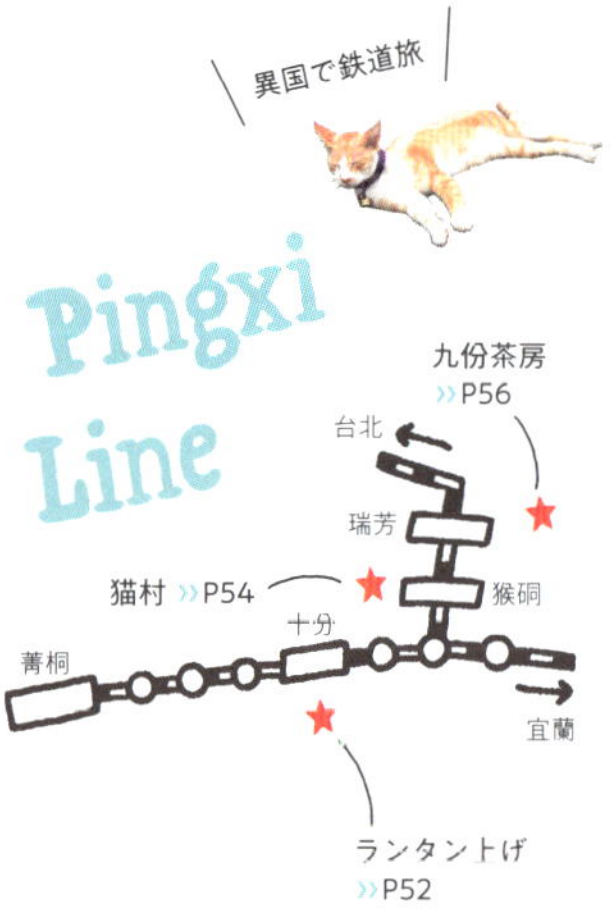

台北の街中を離れて郊外へ向かうと、自然豊かな光景が広がり、その合間に穏やかな町が点在しています。そんな郊外を電車でぶらりと旅するのも、台湾旅の魅力の一つ。近年、台湾屈指の観光地として名があがる九份《キュウフン》をはじめ、ランタンが空に浮かぶ十分《シーフェン》、世界中の猫好きが押し寄せる猴硐《ホウトン》など、渓流に沿って郊外

Data

約３時間

－１時間

台湾ドル

（1TWD＝1元＝約3.6円）

中国語

の町を走る平渓《ピンシー》線に乗る電車旅が人気を博しています。平渓線は日本統治時代、炭鉱の町として台湾石灰が採掘できた菁桐《セイトウ》へ、専用鉄道を開通させたのが始まりです。台北に近い始点の瑞芳《ルイファン》駅から小さな黄色い電車に乗って、人気スポットを巡るのも楽しいもの。素朴で、喧噪から離れた静かな時間を過ごせます。かつて台湾を支え、栄華を誇った炭鉱の町は、今も当時の面影を残し、観光客を迎えています。

※平渓線の時刻表はホームページで要確認
(http://twtraffic.tra.gov.tw/twrail/JP_QuickSearch.aspx)
※1日周遊券は80元（大人）、40元（子ども）
※台北駅から平渓線の始点である瑞芳駅までは、台鉄かタクシーがおすすめ

WANT TO DO

十分でやりたいこと

願いごとをランタンに託し、線路の上から空に飛ばしてみる

平渓線を降りて、小さな十分駅から人で賑わう方向へ線路沿いに少し歩くと、空にぷかぷかと浮かんで飛んでいくランタンの数々が頭上に見えます。観光客がランタンを飛ばしているのは、線路の上から。十分は単線なので、平渓線が時間差で進行方向を変えて往来しています。電車が来るまでの間に、家族や友人同士、恋人たちが、一緒に紙ランタンを持って嬉しそうな顔で記念撮影をしていました。私も友人と一緒にランタンに願いごとを書き込み、単線の上で記念撮影。店のサービスなのか、スマホで大量の写真や動画を撮ってくれます。

その後、ランタンの中に着火。すると、ふわりと浮かび、手からすっと離れて空へとのぼっていきます。大きく手を振り、どこまでも飛んでいけと願いました。ときとして、風向きのせいか、紙ランタンが燃え上がり、電線に引っかかるようなハプニングも。また、電車接近の警笛がなると、みんな慌てて線路の外に出て、カメラを構えます。しばらくして、黄色い平渓線がのろのろとやって来ます。手を出せば触れるほどの距離で、カメラ小僧たちがこぞって撮影。これも十分名物の光景です。

どこまでも
飛んでいけ〜！

願いごとに合った ランタンを購入！

線路沿いで、紙製のランタンに願いごとを書き込みます。ランタンサービスをしている土産物屋が線路沿いに軒を連ねていますが、どこも値段は一回200元。色は黄色が金運で、ピンクが愛情運、赤が幸運、緑が開運などあるので、願いごとに合ったものを購入。筆で書くときに少し手が汚れるので、ウエットティッシュがあると便利。

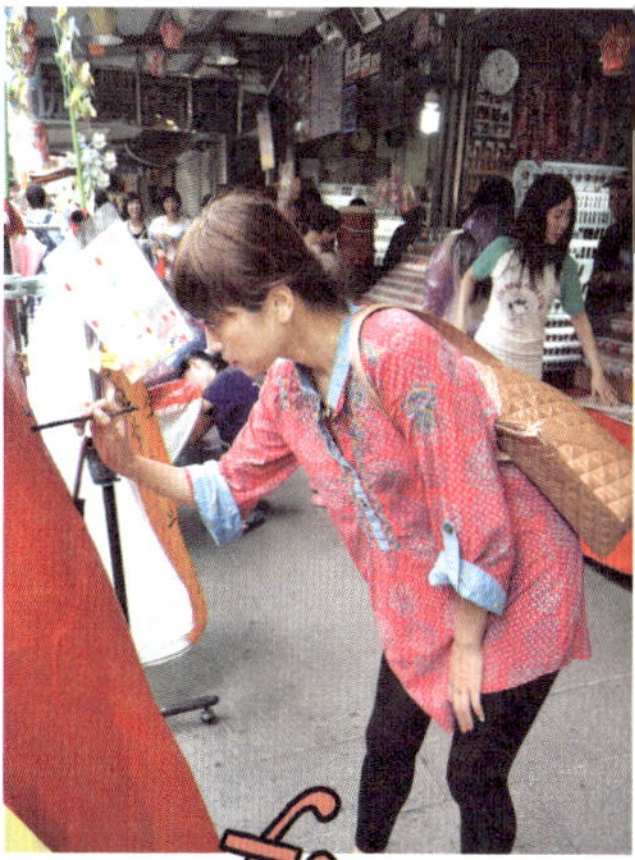

fun!

散策が楽しいお店が並ぶ

昭和を連想させるようなレトロな街並の十分では、ランタンサービスをやっている土産物屋のほかにも気になる店がたくさん。おもちゃ箱を覗いたように楽しげなラムネ屋さんもあり、ラムネを購入すると、気さくな名物店主が一緒に撮影もしてくれます。店内のレトロ雑貨やフィギュアは売り物ではないそうですが、大人のトキメキが詰まった博物館のよう！

ランタン上げ

新北市平渓区十分里十分街51号
㊢ 10：00〜19：00頃
㊡ 天候次第
※旧正月には平渓天燈節があり、無数のランタンが夜空にあがり、幻想的な光景に。
※クレジットカード不可

猴硐でやりたいこと

WANT TO DO

かつて炭坑で賑わった、台湾屈指の〝猫村〟で猫にまみれる

瑞芳駅から平渓線に乗って1駅、たった5分で、世界中の猫好きが集まる〝猫村〟と呼ばれる猴硐駅に着きます。猴硐は、日本統治時代に炭坑の町として栄え、ピーク時には6000人が暮らしていたそう。しかし時代は変わり、1990年の閉山とともに人口は減少し、町は廃れていきました。代わりに、もともと多く暮らしていた猫が増え、気づけば猫好きが注目する人気スポットとなり、最近では「〝猫村〟へ行こう」と謳った台湾ツアーもあるほど。

平渓線から降りて改札の方へと向かうと、山側と山下側に分かれ、そのどちら側にも猫がわんさかといます。特に猫が多い山側へは、猫をイメージしたという猫橋を渡ります。高台から平渓線が走ってくる様子を眺めることもでき、撮影スポットにも。山下側は、猫がのんびりと過ごすメイン広場の裏側に、廃墟と化した圧巻の炭坑地跡が残り、廃墟マニアにはたまらない光景が広がります。当時使われていた石炭運搬用のトロッコ橋は今も渡ることが可能。猫にまみれながら、かつて日本が関係した炭坑の地で、遠い昔に思いを馳せるのも旅情に駆られます。

観光客の相手をするのは猫

山下側に駅の正面改札を出て真っすぐ、広場の方に猫のたまり場となっている管理人小屋があります。管理人は居眠りをして、代わりに猫たちがお客さんの相手をしていました。小屋のある広場には炭坑村として栄えた歴史を紹介する願景館が。中には猫村珈琲があり、食事も可能。猫のスタッフもいます。

SWEET

猫村はのどかでいいところだニャ

とにかく町中に猫、猫、猫！

猫好きにはたまらない街

町の山側へと行くと、平渓線などが走る線路を一望できます。観光客慣れした猫たちがゴロゴロとくつろぎ、猫好きたちの心を鷲掴みにしています。猫をモチーフにしたオブジェがあちこちにあるので、探してみるのも楽しい！　猫グッズを扱う雑貨屋さんもいくつかあって、観光客に人気の場所です。

WOW!

猫村

住 新北市瑞芳區光復里柴寮路70號

営 宿がないので、電車のある時間内で
※台北から台鉄で、猴硐まで直行もある。猴硐駅は宜蘭線も停まる。

瑞芳駅から九份まで足を延ばして、美しい古屋敷でお茶をする

台北郊外で最も観光客が押し寄せる町の一つが、九份。もともと金が採掘できる金鉱で栄えた町でしたが一度廃れ、現在は映画『千と千尋の神隠し』の世界観にとても似ていると、日本人観光客も増えました。迷路のような細い路地に、老舗の商店や屋台がずらりと軒を連ねる基山街《キサンガイ》は、歩くのも大変なほど大賑わい。日本人だけでなく、台湾人にも人気のようです。小径を歩いていると、美味しそうな香りを漂わせるB級グルメや、何段にもつまれた小籠包を蒸した篭、串刺しの台湾ソーセージを元気いっぱい売っている名物おばちゃん、伝統的な筆や判子などを売っている店、レトロな商店の中でくつろぐ猫や犬など、心惹かれる光景に出会います。ここは、台湾らしさがぎゅっと一カ所に詰まった場所なのです。夕方になると、小径沿いに設置された赤提灯がほんわりと優しく灯りはじめ、一気に幻想的な雰囲気に。そこは、夢か現か、この世あらざる妖怪たちも紛れ込んでいそうで、わくわくとします。激混みの九份散策に疲れたら、ぜひティータイムを。台湾の茶文化を牽引してきたことで有名な〝九份茶房〟が絶対におすすめです。

beautiful

台湾の茶文化を牽引してきた歴史あるお茶屋

インテリアや伝統的なスタイルにこだわった、アーティスティックな店内は、九份の茶芸館を牽引してきた九份茶房オーナー洪志勝がこだわり抜いた芸術作品。100年もの歴史ある屋敷「翁山英故居」を後世に残すため、修改築をしたそう。茶室は部屋によって装いが違うので、ぜひ見学を。歴史建築にも登録されています。

yummy!

九份の人気撮影スポットで記念写真

台湾式のお茶で、優雅な時間

九份の海を眺められるテラス席も素敵です。金銀花白柚壷でお茶を温め、湯気がふわふわと出てきたらいただきます。中国式茶器の使い方は、店員さんが丁寧に教えてくれます。ふんわり微かに甘い芳香を楽しんでから、口の中へ。冷めても美味しいと言われる高山金宣茶は、台湾に来たらぜひ試したい大人の味。茶菓子もこだわりの逸品揃いです。

九份茶房

新北市瑞芳区基山街142号
02-2496-9056
営 10：30〜21：00
※クレジットカード可

2 DAYS

City / Country

ソウル

SEL ／ 韓国

手頃な価格で美と食を満喫できる街

隣の国、韓国で週末旅を堪能！

Seoul

日本から近くて時差のない韓国は、国内主要都市からLCCも頻繁に飛ぶようになり、国内旅行のような感覚で行けるくらい身近になりました。特に首都ソウルは、美容体験や買い物、食い倒れのグルメツアー、有名建築や美術館巡りなど、韓国名物がぎゅっと詰まった街で、気軽に週末旅行をする人も多いはず。初めての韓国ならば、明洞《ミョンドン》でプチプラな買い物をしたり、

Data

約2時間半

なし

ウォン
(1KRW＝約0.1円)

韓国語

屋台や食堂をはしごしながら韓国料理を食べて過ごすのもおすすめですが、知れば知るほど、ソウルにはまだまだ魅力的なエリアがあり、地元の人が絶賛する店が裏路地にあったりします。ファッションや雑貨はいいものを安く買ったり、今シーズンだけ着たいプチプラな流行服を大人買いできるのも嬉しい。革製品も手頃な価格で購入できるので、私も思い切ってムートンのコートを探してみました！

本場の韓国グルメも満喫！

鶏一羽を使った〝タッカンマリ〟を食べて、美肌になる

大きな鍋の中に鶏一羽をまるごと入れて、鶏ガラスープで煮込んだだけのシンプルな韓国料理・タッカンマリ。もともと、東大門《トンデムン》周辺の食堂から始まったとされ、東大門駅の路地裏には「タッカンマリ横丁」があります。

１９７８年創業の老舗が、常に激混みの「陳玉華《チンオックァ》ハルメ元祖《ウォンジョ》タッカンマリ」です。鶏一羽が入った鍋をテーブル席で煮込み、ふわっとスープのいい香りが漂います。店のおじさんが鶏肉を骨ごとバチバチと豪快に切っていきます。ネギと鶏肉だけのシンプルな具材ですが、途中「オモチ？」と聞かれてうなずくと、大量のトッポギを鍋に入れてくれます。待ち切れずに食べようとすると、「マッテ」と店のおばちゃんに注意され、ようやくゴーサインをもらって実食。スープは最高に優しい味。人生で一番美味しいチキンスープだと言っても過言ではありません！　素朴な鶏肉は、コチジャンやからしを入れたタレにつけて食べますが、これが絶妙に合って美味しい！　韓国の女性が美肌なのは、日頃コラーゲンをたっぷり摂っているからでしょうか。１人前１０００円と激安なのも嬉しい。

並んででも食べたい本場の味

18時を過ぎると、あっという間に満席になって、店前には長蛇の列ができます。外で、番号札を取って待つ仕組み。できれば17時台に来店するのがおすすめです。ただ、メニューはタッカンマリのみのため、回転は早いです。最後はラーメンで〆るのが定番ですが、トッポギを注文するとお腹がいっぱいになるので注意！

ピリ辛のタレにつけて、
いただきます！

excite

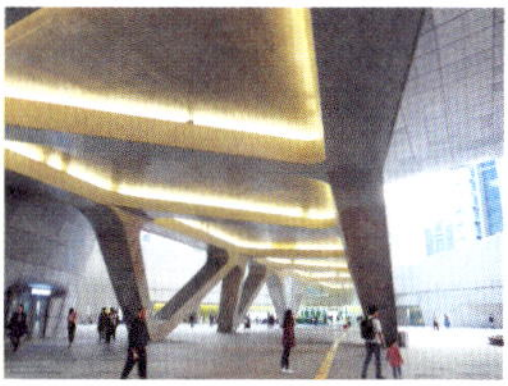

散策がてら近未来的な東大門デザインプラザへ

タッカンマリを食べた後に散歩がてら寄りたいのが、建築家ザハ・ハディッドが設計した東大門デザインプラザ。宇宙船が地上に着陸したかのような、斬新で近未来的なデザインに心奪われます。まさに建築アート。オウルリム広場は夜遅くまで営業している商業施設に合わせて、24時間オープン。

陳玉華《チンオックァ》ハルメ元祖《ウォンジョ》タッカンマリ

ソウル特別市鍾路区鍾路５街265-22　東大門タッカンマリ横丁内
02-2275-9666
営 10：30～翌1：00（入店は22：30まで）
休 旧正月・秋夕《チュソク》の連休
※クレジットカード可

東大門《トンデムン》デザインプラザ

ソウル特別市中区乙支路７街2-1
02-2153-0000
営 デザインマーケット10：00～翌2：00
展示施設10：00～21：00（水・金曜のみ～19：00）
オウルリム広場は24時間
10：00～18：00頃（それぞれの店舗により異なる）
休 月曜（ミュージアムのみ）、１月１日

WANT TO BUY

ソウルで買いたいもの

東大門でムートンデビュー＆カロスキルでファッション巡りをする

以前から憧れていた、大人の女性が纏うイメージのムートンコート。日本では百貨店などで売られる高価なものなので、なかなか手が届きませんでした。30歳を過ぎて、そろそろムートンデビューしたいと思っていた頃、韓国人の旦那さんをもつ友人に「東大門の光《クァン》熙《ヒ》市《シ》場《ジャン》なら、革製品の卸売り専門店が入っているから、日本の半額以下で買えるよ」と教えてもらい、ソウルを旅した際にいそいそと見に行きました。

光熙市場は、20時から翌朝4時頃まで営業しています。日中は美味しいご飯巡りや、マッサージ、ロッテマートやEマートなどで土産を買ったりして過ごし、夜は目的の光熙市場へ！　革製品を扱う6階には所狭しと店舗が並び、黒、赤、緑など、色とりどりのレザーコートやムートン、ミンク製品があって、目移りするばかり。やがて、貫禄のあるおばさんが店員のムートン専門店で、一着ずつ試着。どれも素敵なデザインで、一点を選ぶのに悩みまくり！　最後は、店員さんに勧められたムートンのライダースを購入しました。現在、冬に一番あたたかく、テンションがあがるお気に入りの上着となっています！

Check

ついに憧れの
ムートンコートを購入

革製品が集まる６階のお店をくまなく物色して、最終的には「初めてのムートンなら、スカートもパンツも合うライダースから」と店員のおばさんにアドバイスをもらって決心。少しまけてくれて、５万円弱で購入！　ムートンは扱いが大変だと思っていたけれど、実際は汚れもつきにくく、ふわっと軽いので大活躍しています！

cute

店員さんの勧めで、
ライダースをゲット！

光《クァン》熙《ヒ》市《シ》場《ジャン》

住 ソウル特別市中区新堂洞777
☎ 02-2238-4352
営 20：00〜翌5：00頃
休 土曜5：00〜日曜20：00、1月1日、旧正月・秋夕の連休、夏季休業
※店舗により異なる
※クレジットカード不可

indi brand カロスキル店

住 ソウル特別市江南区新沙洞547-9
☎ 02-511-9894
営 11：00〜22：00
休 なし
※クレジットカード可

カロスキルでショッピング！

日中のお買い物ならば、おしゃれ女子たちが集まる、ソウル南部の新《シン》沙《サ》洞《ドン》にある街路樹通り・カロスキルへ！　メイン通りから裏路地まで、表参道や代官山のようなおしゃれなブティックやカフェが集まっていて、雰囲気抜群。indi brandという韓国ブランドのお店は、普段着にも仕事着にもなりそうなセンスのよい商品が揃っていました！

サムスン美術館リウムで、世界の最高のアートを鑑賞する

韓国を代表する美術館の一つで、世界的にも有名な大企業サムスングループが運営する「サムスン美術館Leeum」が梨泰院《イテウォン》エリアにあります。フランスの有名建築家ジャン・ヌーベルが設計した現代美術館と、ル・コルビュジェの助手でもあったスイスの建築家マリオ・ボッタが手がけた古美術館の二つが、ロビーを通じてつながる、建築そのものも芸術的な見所満載の美術館です。併設されたサムスン児童教育文化センターは、オランダの建築家レム・コールハースの設計によるもの。

常設企画展として、韓国人の現代アーティストのほかに、ロスコ、バスキア、ゲルハルトリヒター、ウォーホルなど、世界に名立たる著名なアーティストの作品が多数展示されています。個人的に興味があったのは、中国人の現代アーティスト、アイ・ウェイウェイの「木」。彼のドキュメンタリー映画を観たときから、いつか生で作品を観たいと思っていました。そのほか、韓国の伝統芸術や国宝などの展示も充実。建物から作品まで、目につくものすべてが最高の芸術という、アート好きなら絶対に訪れたい場所の一つです！

世界の有名
アーティストの
作品が観られる！

古美術と現代美術が楽しめる

韓国の陶磁器の美しさを形象化したというテラコッタレンガの建物が古美術館。モダンで美しい建物が現代美術館。異色の建物が絶妙に合った、韓国屈指の現代建築の傑作。鑑賞する際は、イヤホンつきのデジタルガイド（日本語音声）をレンタルすると便利。作品の前に立つだけで自動的に解説が流れます！

建物も作品も、最高の
芸術が勢ぞろい！

1 中庭にはルイーズ・ブルジョワの作品が。
2 入口の足元には、宮島達男のアートが。

サムソン美術館 Leeum

ソウル特別市竜山区イテウォンロ55ギル
02-2014-6901
営 10：30～18：00（チケット販売は17：30まで）
休 月曜、1月1日、旧正月連休、秋夕の連休
※クレジットカード可

日本人美術家の作品も気になるものばかり

美術館入り口の足元には、日本の現代美術家、宮島達男の現代アートが出迎えてくれます。現代美術館の中には名和晃平と杉本博司など、ほかの日本人美術家の作品もあって、おすすめ。かつて中庭には、東京の六本木ヒルズに展示されているルイーズ・ブルジョワの巨大クモ作品があり、現在は同作家の別作品が展示されています。

2 DAYS

City / Country

済州島

JEJ

／韓国

Data

約２時間

なし

ウォン
（1KRW＝約0,1円）

韓国語

韓国のハワイと言われる、海女さんが活躍する美味しい島

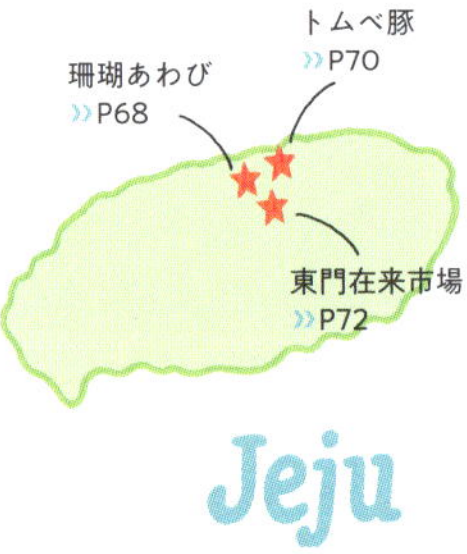

韓国最南端に浮かぶ綺麗な楕円形の活火山島が、韓国のハワイや沖縄とも呼ばれる済《チェ》州《ジュ》島《トウ》。温暖な気候と美しい海が魅力で、韓国ドラマや映画のロケ地にもなるリゾート地です。国内最高峰の漢《ハル》拏《ラ》山《サン》という火山が島の中心にあり、登山客にも人気。空港から済洲市に向かう途中、タクシー運転手のおじさんが「ここは三多の島」と教えてくれました。海岸沿いや島内でも見か

ける溶岩の「石」、年中吹く「風」、そして「女性」。この3つが多いという意味だそう。

島は漁業が盛んで、男性は船で漁に出てしまうため、島内は女性が切り盛りをし、海女たちがアワビやサザエなどを獲って活躍しています。海女が経営する新鮮な魚介類を出す食堂は、済州島の目玉。ほかにも、島名物の黒豚を食べたり、市場を見学したり、グルメな旅がおすすめです！

美食旅スタート

WANT TO EAT

済州島で食べたいもの

海女たちが働く店で、朝から絶品アワビ粥を食べる

島料理で最も有名なものの一つが、新鮮なアワビの肝を使ったアワビ粥。見た目が黄色いアワビ粥は、とろ〜りとした食感にアワビのコクと旨味が溶け込んで、とても贅沢で美味しい！　島内にある多くの食堂には、新鮮なアワビやサザエの入った生け簀が店前に置いてあります。店のおばさんが生け簀からアワビなどを取り出し、調理場へと運ぶ光景をあちこちで見かけました。お粥は、日本人にとっては馴染みがありますが、アワビのお粥は済州島に来たからこそ味わえる、素朴だけど豪華な朝ご飯。

私は、旧済州地区の海鮮料理屋が並ぶ通りにある、アワビ専門店「珊瑚あわび」のアワビ粥にハマりました。優しい味ですがコクがあって、朝にぴったり。アワビの身はビタミンB_1、B_2が豊富で疲労回復や肝機能の向上に、肝はビタミンAを多く含有しており美肌効果があるとか。美食グルメに舌鼓を打ちながら、綺麗、健康になるなんて！　店によって味が違うので、自分好みの店を開拓するのも楽しい。お粥の黄色は、アワビの肝の量が多ければ多いほど、また新鮮なほど、色味が濃いようです。

海鮮鍋・
ヘルムタンは
具材たっぷり！

yummy!

韓国の海鮮グルメが堪能できる！

メニューはアワビ粥のほかに、焼きアワビや石焼ビビンバ、海鮮鍋のヘルムタンなどもあって、ランチや夜ご飯にもおすすめ。付け合わせに出てくるナムルやキムチも美味しい。ウニのワカメスープも有名で、ワカメは歯ごたえがあり、出汁がしっかりと効いていて絶品。ウニはちょっとスカスカしていて、好き嫌いがありそうです。

1 付け合わせ（写真奥）には、ナムルやキムチがたくさん。
2 アワビ粥は優しい味で、朝食にもぴったり。

point

**珊瑚あわび
（サノチョンボク）**

住 済州特別自治道済州市三徒2洞1206
電 064-758-0123
営 7：00～22：00
（L.O.21：00）
休 旧正月・秋夕の当日
※クレジットカード可

日本人も行きやすい人気店

旧済州市の海寄り、ラマダプラザ済州ホテル目前にある珊瑚あわびは、朝7時オープン。全体的に、食材本来の旨味を活かした優しい味です。日本語メニューもあり、こざっぱりとして居心地がよいです。韓国人の家族連れや旅行者にも人気のよう。アワビ粥は15000ウォン。

WANT TO EAT

済州島で食べたいもの

美しい島の自然の中で育った黒豚を食べて、エネルギーを注入する

韓国料理の代表格といえば、豚バラの三枚肉の焼肉料理サムギョプサル。アツアツの鉄板の上で、厚切りの肉を豪快に焼きます。焼き加減を見ながらひっくり返し、焼き上がった肉を専用のハサミでバチバチと切っていくのは、店員さんがしてくれることも。ビールを頼み、付け合わせのキムチなどを食べている間に、豚肉がこんがりと焼き上がります。食べやすいサイズになった豚肉と、スライスしたニンニクやキムチ、韓国みそなどを、エゴマやサンチュの上にのせ、くるっと巻いてから専用タレをつけて食べるのが基本。ごま油の効いたピリ辛のタレだけでもご飯が進みます。

豚肉で国内ブランドといわれるのが、済州島の大自然の中で放牧されて育った黒豚です。ソウルなどにも直送され、最高級の豚肉だと大人気。済州市内には、道の両側に黒豚の焼肉専門店がずらっと並ぶ「黒豚通り（Black Pork Street）」があります。私は、ホテルの人や地元の人おすすめのトムベ豚という店に行きましたが、最高の味。地元メディアにも多数取り上げられているせいか、韓国人のお客さんで大盛況でした。

こんがり焼かれた黒豚は絶品

アツアツの鉄板の上で、分厚い豚肉とぺらっと1枚が大きい白菜のキムチを同時に焼き、頃合いを見てハサミで切ってくれる店のおばさん。日本語で「マダ、マッテ」「モウ、イイヨ」と教えてくれます。蒸し豚や贅沢な付け合わせのチゲスープやふわふわ玉子の茶碗蒸し、ナムルなども美味しくて、ビールがすすんでいい気分！

韓国みそやキムチと巻いていただきます

excite

トムベ豚へ行くなら、僕らが目印！

黒豚通りを堪能

黒豚通りで私が行ったのは、左の角にあるトムベ豚。店員のおばちゃんに声をかけていろいろお世話してもらいましたが、慣れている人は自分で焼いて食べるそう。セットで注文すると、食べ切れないほどの量が出てきて、1人2000円程度（飲み物代は別）。店の近くにあるゴールドの黒豚オブジェが可愛いです！

トムベ豚（Dombaedon）

㊎ 済州特別自治道済州市健入洞1399-3
☎ 064-753-0008
㊫ 12：00〜24：00
㊡ なし
※クレジットカード可

歴史の長い東門市場に行って、島の暮らしを見学する

済州島で暮らす地元の人たちが、生活に必要な食料や衣類、生活用品や薬草などを買いに来る大きな東《トン》門《ムン》市《シ》場《ジャン》。長い歴史があり、日本統治時代が終わった直後から、現在のように形成されました。300以上の様々な店舗が軒を連ね、新鮮な魚介類や生肉、瑞々しい野菜や果物などを売り買いしている人たちで賑わう隙間を歩くと、島の暮らしを垣間見るようでわくわくします。銀色に艶かしい光沢感を放つ太刀魚や、国内で唯一収穫できるみかんやデコポン、魚の干物など、島ならではの特産物も売られていて、土産物にと購入する観光客の姿もあります。

時折、「サシミ！」と元気な店員さんに声をかけられることも。市場内には小さな食堂や屋台があり、食べ歩きもできるほか、アワビがまるごと入ったトッカルビや、新鮮な刺身の盛り合わせなど、済州名物をいただくこともできます。食材を目の当たりにした後に食べる島料理は感動。はたまた日本語が通じなくて、何が出てくるかドキドキするのも一興。日中の騒がしい市場内と、夜に多くの店が閉じた後も続く屋台の賑わいは装いが変わるので、時間帯を変えて2度訪れても楽しいです。

済州島をぐるっと巡り、絶景スポットへ

天気がよければ、東部にある世界自然遺産“城山日出峰《ソンサンイルチュルボン》”をハイキングしたり、南部の柱状に溶岩が連なる奇岩群の絶景“大《テ》浦《ポ》柱状節《チュサンジョル》理《リ》帯《デ》”を観に行ったり、地元の人おすすめの美しいビーチ“挟才《ピョッチェ》海《ヘ》水《ス》浴《ヨッ》場《チャン》”へ行くのもおすすめ。天気の悪い日や夜は東門市場へ！　島を１日でぐるっと回るなら、タクシーを貸切るのがベスト。

夜の市場で食べ歩き！

東門市場は夜になると、日中より屋台が増え、夜市のようになる一角があります。地元の人や観光客が、B級グルメを食べようと大勢集まります。各屋台オリジナルの商品は、島ならではの海鮮でつくるたこ焼きや鉄板焼き、串焼き、サンドウィッチ、スイーツなど、どれもこだわりがあって見ているとお腹がなります！

島で獲れた、新鮮な
海鮮がたくさん！

東門在《トンムンジェ》来《レ》市《シ》場《ジャン》（通称東門市場）

- 済州特別自治道済州市二徒１洞1436-7
- 064-752-3001（顧客支援センター）
- 営 7：00～19：00の場合が多い
- 休 旧正月・秋夕の当日
- ※クレジットカード不可

COLUMN

一人旅のすすめ

私が週末ふくめ、時間があれば海外を旅するのは、一人旅が気楽で好きだからです。もちろん、友人と行く旅も楽しいですが、社会人になるとなかなか予定が合いません。一人旅に慣れれば、自分の都合だけ調整すればよく、より気軽に楽しめることもあります。

たとえば、美術館や建築巡りは、自分のペースでゆっくりと鑑賞できます。ご飯も1人で食べていると、地元の人たちが「どこから来たの？　1人？」と声をかけてくれる機会がぐっと増えました。思い返せば、不安だったり困ったりしたときは、街の人が全力で助けてくれました。

そして、目新しい異国の写真を撮ったり、移動中ぼうっとした時間を過ごしたりしていると、1人の時間の愛おしさを思い知ります。大人になると、数日をたった1人で過ごす時間は、実はほとんど存在しないからです。

今は、旅先で使える便利なアプリがたくさんあって、道に迷うことも滅多にないですし、列車の移動や待ち時間の暇つぶしまでできます。旅先でやることを一つだけ決めた一人旅は、とても気楽で自由。おすすめです！

3

DAYS

3 DAYS

City / Country

ウラジオストク／ロシア

VVO

日本から最も近いヨーロッパと呼ばれる、極東ロシアの港町

Data

約2時間半

+1時間

ルーブル（1RUB＝約1.7円）

ロシア語

広大な面積を占めるロシア連邦は、寒くて、社会主義国家で、秘密警察がいて、治安が悪そう。そんなイメージを持っている人もいるはず。実際、ビザを取得するのが大変で、個人旅行も気軽にはできませんでした。ところが2017年8月より、日本から飛行機で約2時間半の距離にあるウラジオストクは簡易ビザ制度が始まり、日本人ならネットで簡単にビザを取得でき

るようになりました。治安もよく、これからいちおしの観光地として勢いづいている、日本海に面した港町です。街並みは、社会主義国家特有の整然とした佇まいではありますが、建物はヨーロッパ調で、パステルカラーに彩られた外観は異国情緒満載。路地裏では猫がくつろぎ、想像以上にのどかです。美味しいロシア料理に舌鼓を打ちながら、ミステリアスなロシアの素顔を覗く旅は、冒険心に駆られます。

街並みも可愛くて、
癒される！

WANT TO SEE

ウラジオストクで観たいもの

潜水艦C-56博物館を訪れ、ロシア的観光をしてみる

ロシアというと、圧倒的な軍事力を誇る強い国という一面があるかと思います。ウラジオストクは、港の一部に巨大な軍艦が何艘も停泊しています。間近に観に行くと、威圧的で、恐ろしくもかっこよく、目を奪われます。ロシアには、日本ではなかなか馴染みのない軍事関係の博物館がいくつかあり、ウラジオストクにもあります。ロシアらしい観光をと思い、怖いものみたさで訪れたのは、潜水艦C《エス》-56博物館。街随一のカラフルで美しい日抜き通り、スヴェトランスカヤ・ストリートから港の方へ向かうと、ソ連時代の1941年から実際に使われていた潜水艦がまるまる陸にあげられています。内部は潜水艦の歴史を辿る資料などが展示されていて、入場料に大人100ルーブルを払って見学。入り口から資料展示などがあり、丸いハッチをくぐって進むと、潜望鏡や乗組員の二段ベッドなどを見学でき、最後は発射管に装填された状態の生々しい魚雷を見て出口へ。約78mの長さの潜水艦内部は、想像以上に見応えがあります。外では、海軍のような格好をしたロシア人の美男美女がいて、チップ程度のお金を払うと一緒に記念撮影してくれます。

臨場感を感じる、潜水艦内部

丸いハッチをくぐって前に進むと、映画でしか観たことのないような潜水艦内部にたどり着き、まるで探検している気分に。操縦席では、舵輪の数の多さに圧倒されます。艦内は幅6mほどと狭く、圧迫感がありますが、実際に第二次世界大戦中に使用されていたという臨場感が伝わってきて、ドキドキの新体験という感じ。

1 ハッチをくぐり、進んでいきます。
2 圧迫感のある潜水艦内部。

看板も、強そうな印象

excite

軍事国ロシアならではの展示が多数

戦艦の後ろが博物館の入り口となっていて、最初に資料館が続きます。日本語の説明はありませんが、見るだけでも興味深いです。とにかく中国人観光客の団体が波のように押し寄せるので、写真撮影をしたいときは強引にでもすべし！　博物館前の海岸通りはロシア人が初めて入植した場所。当時はトラがいたそうです。

潜水艦C-56博物館

🏠 Korabel'naya Naberezhnaya, Vladivostok, Primorskiy kray
📞 423-221-67-57
営 9：00～20：00
休 なし
※クレジットカード不可

WANT TO EAT

ウラジオストクで食べたいもの

街いちおしのロシア料理＆グルジア料理で、グルメ旅に徹す

ウラジオストクで私がハマった料理は、中央アジア料理の一つ、グルジア料理です。日本では数軒しかお店がなく、あまり馴染みがなかったのですが、スターリンの出身地でもあり、かつてソ連に加盟していたグルジアの料理は、ロシアではメジャーに楽しめます。

いつ行っても行列で順番待ち必須の超人気グルジア料理レストラン「スプラ」は、モダンかつおしゃれな内装で、ロシアと中央アジアが融合した異国情緒満載の雰囲気。海岸通り沿いにあるため、2階のテラス席は、夕方から夜にかけて外の様子が刻一刻と変化する様子を眺めながら、気持ちのよい時間を過ごせます。そしてなにより、ご飯が絶品だらけ。店名物の水餃子ヒンカリは小籠包のようにジューシーな肉が入っているし、ハチャプリというとろとろのチーズと玉子を絡めて食べるピザ風のパンは病みつきに。豪快なラムローストやチキンの串焼きなどは、繊細なトマト味のソースをつけていただきます。おしゃれな格好に身を包んだ地元の人たちも集まっているので、ぜひ着飾って行きたい場所です。もちろん、カジュアル着でもOK！

名物のヒンカリ

人気の「スプラ」でグルジア料理を堪能!

バーベキュー料理のような、ごろっとした肉に、素材をそのまま活かしたグリル野菜は、ボリューム満点。ヒンカリは、豚肉やラム肉など具材を選ぶことができます。尖った先をつまんで、ひっくり返していただきます。遠くて、なかなか旅に出るのが難しい中央アジアを、少し身近に感じることができました。

チーズがとろっ

定番ロシア料理を楽しみたいなら!

アツアツのピロシキやボルシチ、ビーフストロガノフなど、本格的なロシア料理を食べるなら、「スヴォイフェーテ」が内装も素敵でおすすめ！盛りつけもフォトジェニックです。日本では珍しいビーツを使ったサラダも、ぜひトライしてほしい逸品です。オホーツク海のカニやサーモンなど、シーフードメニューも豊富！

ボルシチで
ほっと
温まる！

1 写真映えしそうなビーフストロガノフ。
2 料理を待つ間のわくわくも、旅の醍醐味。
3 スヴォイフェーテは、青いファサードが目印。

スプラ

Ulitsa Admirala Fokina, 1B, Vladivostok, Primorskiy kray
423-227-77-22
営 12：00～24：00
休 なし
※クレジットカード可

スヴォイフェーテ

Admirala Fokina St., 3, Vladivostok, Primorskiy kray
423-222-86-67
営 11：00～翌1：00
休 なし
※クレジットカード可

グム裏散策で、最新の可愛いロシアに接近する

今、ウラジオストクの最新おしゃれスポットとして注目を集めているのが、ロシアの老舗デパート「グム百貨店」の裏路地、通称「グム裏」です。アールヌーヴォー様式が美しいグム百貨店は、19世紀末の帝政ロシア時代に建てられた歴史的建造物。表の整然とした美しいスヴェトランスカヤ・ストリートに面したグム百貨店の横から裏路地の方へ向かうと、赤レンガ造りの建物に囲まれた石畳が広がります。可愛らしい街並みで、カメラを持った女子たちの絶好の写真スポットです。

ロシアでは、店の外に看板やオブジェを置けないのか、スッキリして見えますが、建物の中にはロシア雑貨を集めたお店や、最新のカフェやレストランが入っています。日中は家族連れも多く、人気のアイスクリーム屋さんシャリク・マロージュナヴァのジェラートを食べながら、ベンチに座って幸せそう。酪農大国ロシアのアイスは、濃厚で美味しいのです。夜は雰囲気が変わってムーディに。イルミネーションが綺麗な路地をお散歩したり、ワインを一杯飲みにレストランに入ってみても。地元の人と同じように夜を楽しむのも、いい思い出になります。

cute

1 赤いレンガの壁がおしゃれな人気のエリア。
2 座って休憩したり、中のお店を散策したり。

1

グム裏には
フォトスポットが
たくさん！
2

レンガが可愛い街並みを散策

美しい街並みのウラジオストクは、どこを歩いても絵になるのですが、グム裏の広場は人気のフォトスポット。地元のロシア人も大勢、この階段で撮影していました。建物は一見ほとんどが閉まっているように思えますが、たいていの店はオープンしています。思い切って建物の中に入ってみると、おしゃれな別世界が広がります。

SWEET

ロシアの可愛い雑貨が見つかる！

ロシア語のキリル文字は、日本には馴染みがないですが見たことはあるはず。アルファベットとも違う象形は、異国感たっぷり。このキリル文字を使用した可愛らしい雑貨や、ソ連時代を連想させるレトロな雑貨などを扱うお店がビューロナホーダク。奇抜な5色のカラー珈琲も注文可能です！

カラー珈琲の味は、
カフェラテ風

ビューロナホーダク

住 Владивосток, Светланская, 33, 2этаж
☎ 495-961-4395
営 10：00〜19：00
休 なし
※クレジットカード可

3 DAYS

City / Country

ハバロフスク／ロシア

KHV

極東ロシアの中心地、アムール川のほとりに広がるのどかな坂の街

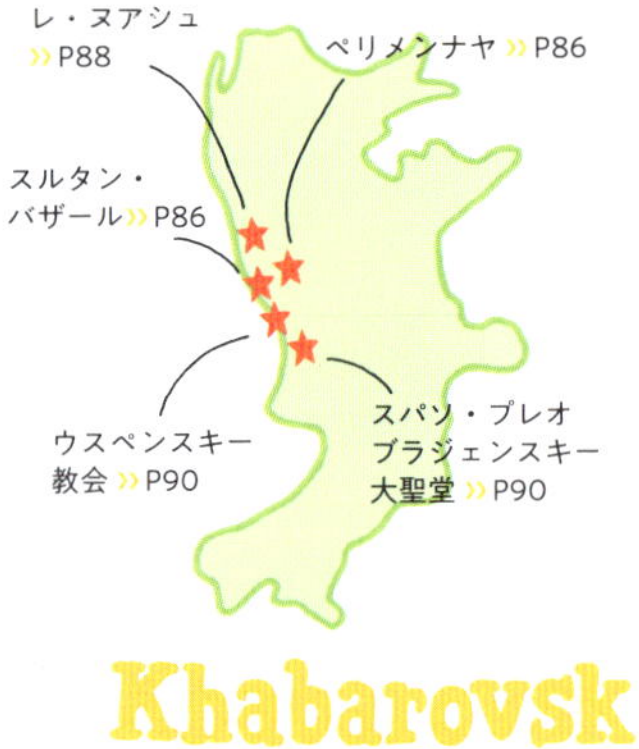

極東ロシアの内陸に広がるハバロフスクは、ゆっくりと流れるアムール川のほとりに広がり、長閑な雰囲気が漂います。アムール川では定期的にクルージング船が走り、その向こうには、見渡す限りの緑がどこまでも続き、広大なシベリアの自然に出会えます。街は基盤目状になった計画都市で、道は覚えやすいのですが、とにかく坂道が多くて移動は大変。タクシーもあまり

Data

約3時間

＋1時間

ルーブル
（1RUB＝約1.7円）

ロシア語

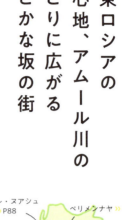

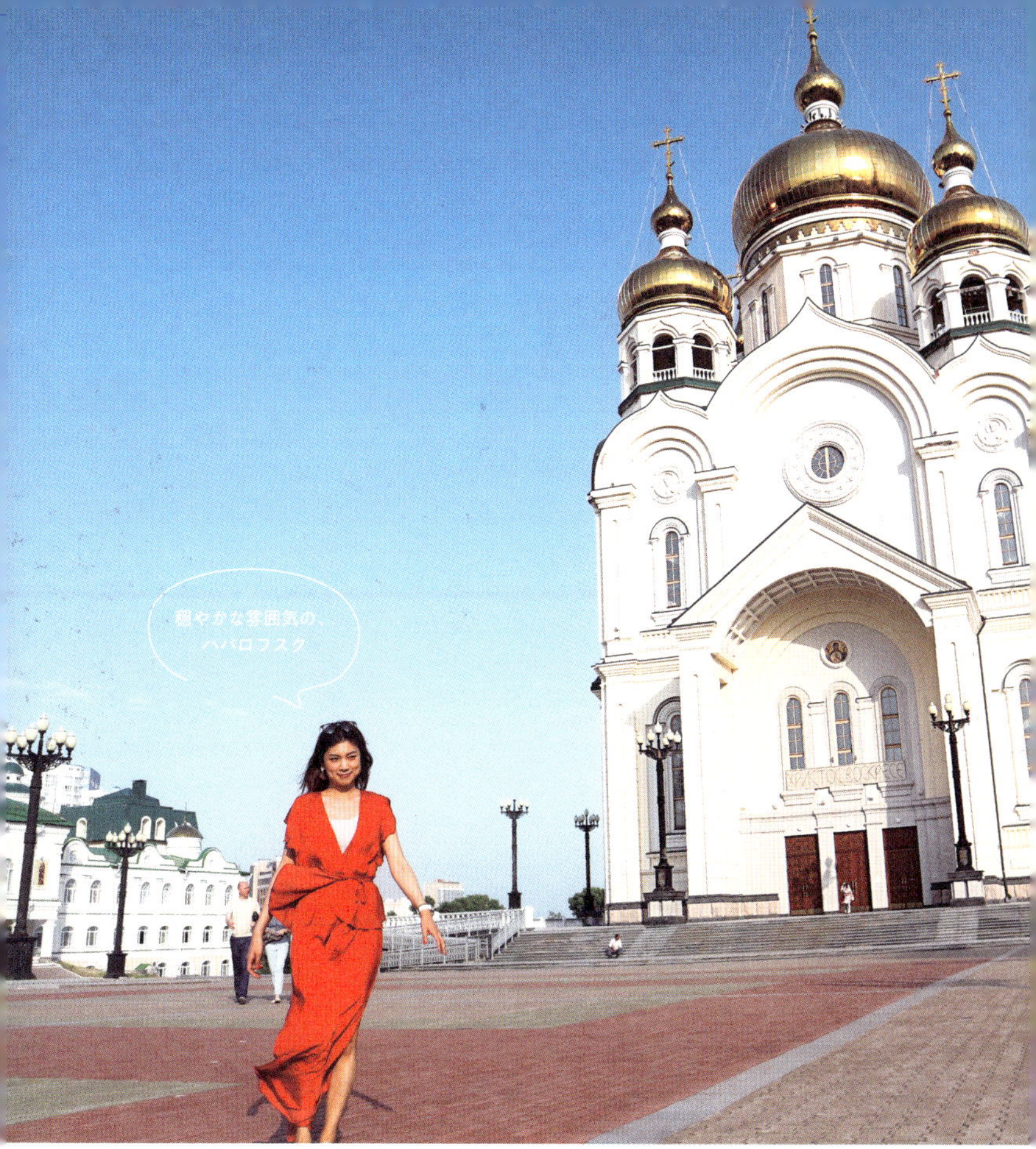

走っていないので、タクシーサービスの「Gett」というアプリをダウンロードしておくと便利です。美しいロシア正教会ウスペンスキー教会から続くメインストリートのムラヴィヨフ・アムールスキー通りを、レーニン広場まで歩くのが定番。途中にはおすすめしたい素敵なカフェやレストランがひっそりとあるので、ぜひ何軒かはしごを！

グルジア料理に舌鼓を打つ！

ロシア的雰囲気が味わえる わくわくするレストランをはしごする

メインストリートのムラヴィヨフ・アムールスキー通りを歩いていると、外には仰々しい看板がほとんどなく、どこがレストランなのかわかりにくいのですが、おすすめしたいお店がいくつかあります。まずは、カリニナ通りと交差する角にある食堂ペリメンナヤ。ソ連時代からずっと続く、シベリア風水餃子・ペリメニの専門店です。地元の人たちにも人気があり、私が行ったときもおばあちゃん同士がおしゃべりしながらペリメニを一皿ぺろっと食べていました。きっと、彼女たちが幼少の頃から通っているのでしょう。家庭料理さながらの素朴な味わいで、ソ連時代のままの姿を残した可愛らしい内装が、一層美味しさを引き立ててくれます。

一方で、地元の方が「最近できたおすすめの店」と教えてくれたのが、モダンでおしゃれなスルタン・バザール。おとぎの国かアラビアンナイトの世界かに迷い込んだような異空間が広がる、赤レンガ造りのレストランです。ウスペンスキー教会からムラヴィヨフ・アムールスキー通りを歩き始めてすぐのところにあるので、カクテル一杯だけでも立ち寄る価値ありです！

シンプルで美味しい郷土料理

シベリア風水餃子のペリメニは、昔からロシアで、家族でつくると絆が深まると言われているほどの大切な郷土料理。ペリメンナヤでは、店の奥で名物おかあさんが手づくりしているそうです。シンプルにマヨネーズやヨーグルトなどをつけて食べます。ちょっと小腹が空いたときのおやつ代わりにも。キャベツの漬け物もコールスローみたいで美味しい！

fun!

陽気な店員たちが迎えてくれます！

1

2

楽しい雰囲気で、笑顔がこぼれます

スルタン・バザールでわいわい賑やかな食事を!

妖精のようなコスチュームで迎えてくれる店員たち。写真撮影にも愛想よく対応してくれて、いい思い出になります。ほかの店にない雰囲気で、ノリがよく、広々として居心地がよいです。中央アジア料理がメインですが、味よりも雰囲気に満足という感じ。価格はやや高め。店頭付近では、雑貨も販売しています！

1 非日常的な雰囲気で、気分も上がります。
2 楽しい空間で、中央アジア料理を堪能。

ペリメンナヤ

ул. Муравьёва-Амурского, 15, Хабаровск, Хабаровский край
421-231-18-69
営 9：00～21：00
休 なし
※クレジットカード不可

スルタン・バザール

ул. Муравьева-Амурского, 3л, Хабаровск, Хабаровский край
421-294-03-40
営 12：00～翌1：00（金、土曜は翌2：00まで）
休 なし
※クレジットカード可

WANT TO EAT

ハバロフスクで食べたいもの

隠れ家カフェで、激旨&フォトジェニックなスイーツを食べる

滞在中何度も足を運んでしまったのが、美味しいスイーツと、少し酸味が効いた本格珈琲をいただけるカフェ「レ・ヌアシュ」。ややフレンチナイズされた内装は、パステルカラーの壁がカラフルなスイーツに合って、女子心をくすぐられる空間です。見た目が可愛いスイーツは、味も絶品。日本に進出しても流行りそう、だなんて勝手に想像してしまうくらい、繊細でほどよい甘さが日本人好み。エクレアやフルーツタルト、カップケーキなど、種類も豊富で、果物の味もしっかりしています。地元の人たちも次から次へとやってくる、穴場なカフェなのでしょう。すべて持ち帰りもできるのが嬉しい！

ハバロフスクにはスイーツが食べられるお店が何軒かありますが、個人的にはここが一番。ウスペンスキー教会からムラヴィヨフ・アムールスキー通りを歩きはじめてすぐ、スルタン・バザールを通過した角のコムソモール通りへ少し入ったところにあります。ハバロフスクは坂道が多くて歩き疲れるはずなので、休憩タイムはぜひレ・ヌアシュで！　ロシア語がわからなくても、店員さんが根気強く対応してくれます。

カラフルな
エクレアが
可愛い！

pick up

気分が躍るスイーツがたくさん

ストロベリー、ピスタチオ、レモン、モカなどのカラフルなエクレアや、デコレーションに凝ったカップケーキがあり、どのスイーツもフォトジェニック。それでいて味は洗練されていて美味。スイーツ好きやカフェ好きの人におすすめのお店です。珈琲は少し酸味が効いているので、スイーツには合うと思いますが、好き嫌いが分かれそう。

1 ショーケースに並んだ、色とりどりのエクレアが目を惹きます。
2 バナナ味のカップケーキは、しっとり濃厚で美味！

SWEET

テラス席で楽しむことも可能

カフェのテラスでは、お父さんに連れられた可愛い兄妹が一緒にスイーツを食べていました。ロシアの街には、テラスで楽しめるカフェやレストランが少ないので、こういう落ち着いた裏路地で休憩できる場所はチェックしておくと便利です。朝９時から21時過ぎまで開いているので、何度来てもいいと思います。

レ・ヌアシュ

Комсомольская ул., 79, Хабаровск, Хабаровский край
421-294-04-89
営 9：00〜21：30
休 なし
※クレジットカード可

WANT TO SEE

ハバロフスクで観たいもの

日本に馴染みのないロシア正教会に足を運び、異国情緒に浸る

街中にいくつかあるロシア正教会は、信仰心の厚い地元の人たちにとって大切な存在です。ムラヴィヨフ・アムールスキー通りのアムール川寄りの起点には、ウスペンスキー教会が凛然と佇んでいます。西洋のカトリック教会に比べると、まるで玩具のように可愛く映るロシア正教会は、内部も独特で神秘的。入り口で、女性は必ず頭にスカーフを巻きます。入るときに十字を切り、正方形の箱のような空間へと入ります。正面の壁は、まるで黄金の屏風のようで、イコンが描かれ、煌びやかな雰囲気がします。熱心に祈りを捧げる信者を眺めていると、遠い異国の地へやってきた旅情に駆られました。また、ウスペンスキー教会からツルゲーネフ通りを東の方へ真っすぐ歩いていくと、金色のタマネギ冠をかぶせたような美しいスパソ・プレオブラジェンスキー大聖堂があります。２００３年に建設された、極東ロシアで最も大きいロシア正教会で、教会横には神学校も併設されています。周囲にはほかの建物がなく、空にそびえるような教会に、うっとり心を奪われるはず。ハバロフスクに来たら、この二つの教会はぜひ見たいところです。

可愛らしい姿の正教会へ

教会広場の中心にどんと構える可愛らしいウスペンスキー教会。正面からアムール川に続く方向へ、階段を下りて振り返ると、またアングルの違った魅力的な教会の光景に出会います。夕方、夕陽が教会の裏側に落ちていく瞬間は、幻想的。教会近くにある極東美術館は、建物内部が美しいので、時間があれば見学することをおすすめします！

beautiful

great

日中の姿は
こんな感じ！

極東ロシア最大の正教会の神秘的な姿に陶然

ロシア革命以降、多くの教会が破壊されましたが、ソ連崩壊後は次々と再建されていて、比較的新しい教会が多いようです。スパソ・プレオブラジェンスキー大聖堂は、日中に敬虔な信者にまざってゆっくりと中を見学したいですが、夜もおすすめ。アラビアンナイトに出てくるお城のようにも見えます。

ウスペンスキー教会

住 пл. Соборная, 1, Khabarovsk, Khabarovskiy kray
☎ 421-231-46-02
営 7：00〜20：00
休 なし

スパソ・プレオブラジェンスキー大聖堂

住 Ulitsa Turgeneva, 24, Khabarovsk, Khabarovskiy kray
☎ 421-74-97-80
営 9：00〜21：00
休 なし

3 DAYS

シベリア鉄道（ウラジオストク～ハバロフスク）／ロシア

TSR

旅人のロマン、週末シベリア鉄道の旅

Trans-Siberian Railway

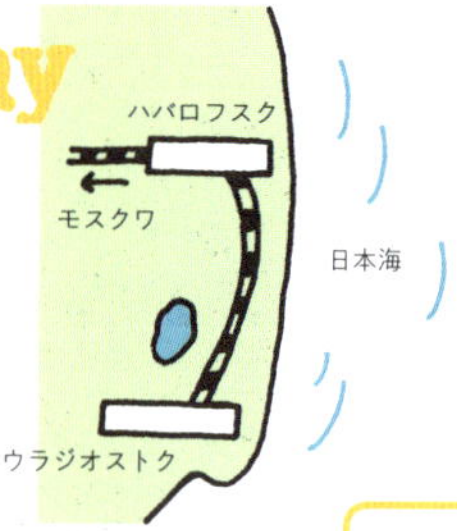

Data

行きはウラジオストクへ、帰りはハバロフスクから

約2時間半～3時間

（モスクワ時間は−6時間）

＋1時間

ルーブル（1RUB＝約1.7円）

ロシア語

首都モスクワのヤロスラフスキー駅から、極東ロシアのウラジオストク駅まで、広大な大陸を東西に横断するシベリア鉄道は、全長9297mの世界で一番長い鉄道です。モスクワ～ウラジオストク間は6泊7日を要する長い旅路で、旅人にとっていつか乗車してみたい憧れの列車ですが、なかなか実現させるのは難し

いもの。ところが、ウラジオストク～ハバロフスク間だけなら、1泊2日で乗車可能です。土曜日に日本からウラジオストクへ飛び1泊、日曜日の21時に出発するシベリア鉄道オケアン号に乗って列車で1泊、月曜日の8時にハバロフスクに着き、数時間だけ観光してハバロフスク空港に向かい日本へ帰国。たった3日間で、私も念願のシベリア鉄道を体験し、旅人のロマンを満喫しました！

オケアン号に乗って、いざ出発！

ロシアの寝台列車で、雄大な大地を走る

ウラジオストク駅を21時に出発するオケアン号は、毎日運行しており、ハバロフスク駅まで約12時間で到着します。チケットは事前にオンラインで取り、シートも予約。私は上下二段ベッドが向かいあった4人で一つのコンパートメントの二等寝台車を選びました。上段の方が少し値段は下がりますが若干ベッドの空間が狭く、外の景色がよく見えないので、下段を選択。

ウラジオストクの駅舎は観光スポットにもなっています。100年以上の歴史を辿り、古代ロシアの伝統木造建築をイメージした外観が魅力的。外に設置された時計はモスクワ時間を指しています。広大なロシアを横断する間、列車は5つの時間帯を跨いで走り、時差が7時間変わるため、すべてモスクワ時間に統一されているようです。駅中の時刻掲示板もモスクワ時間なので、間違えないようにご注意を。20時半にホームへ出ると、すでにオケアン号が停車していて、日本の北陸上越新幹線のように、高さのある巨大な列車という印象。終点モスクワまで、長い旅路を果たそうとする憧れのシベリア鉄道に乗り込むと、長年の夢が叶ったような感動が込み上がります！

私の乗車する
車両は、こちらの
美人車掌が担当！

担当車掌がいる、シベリア鉄道の旅

列車には、車両ごとにお世話をしてくれる担当の車掌がいます。大体が女性で美女ばかり。それだけで気分が上がりました。列車に乗り込むとき、予約したチケットのプリントと、パスポートを見せます。すべて指定席なので、慌てる必要はなし。各車両のトイレなども担当車掌が見回るそうなので、綺麗好きの車掌だとラッキー。

point

beautiful

1 駅構内は、現代とレトロを融合した空間。
2 改札はなく、このまま扉からホームへ。

出発前に、駅構内も見学を

駅の中は見学のみも可能です。20世紀初頭に建設された駅舎を復刻しつつ、新たなデザインも追加され、現代的かつレトロで美しい。チケット売り場やカフェ、ホームに下りる階段など、どこも旅情を駆られる素敵な内装です。改札はなくホームへ出られます。夜は暗めの照明なので、見学するなら日中がおすすめ。

ウラジオストク駅

Ulitsa Aleutskaya, 2, Vladivostok, Primorskiy kray
800-775-00-00

シベリア鉄道チケット予約サイト

Russian Train.com
(https://www.russiantrain.com/)
Russian Railways
(http://eng.rzd.ru/)

HOW TO SPEND

シベリア鉄道内の過ごし方

快適な車内で、異国の旅人と同じ時間を過ごす

4人部屋のコンパートメントは、ロシア人の家族と一緒でした。たどたどしい英語で会話をしながら、室内の使い方などを教えてもらいました。23時頃になると車両内は消灯され、各自就寝モードに入ります。それまでにトイレで歯を磨き、楽な格好に着替えて準備完了。下段の座椅子の壁側に設置された寝台を引き出すと、すでに布団と枕、シーツが準備された状態で、そのまますぐ眠れる便利さ。ガタゴトと大きな揺れで度々目が覚めましたが、気づけばもう夜が明けたよう。朝焼けの空がベッドから見えました。トイレにと個室を出て、通路から外の景色を眺めると、朝もやの中に、白樺の林と果てしなく広い草原や荒野が延々と続きます。またベッドに潜り込み、同じ光景を眺めていたら、再び眠りに落ちてしまいました。ふと気づくと、4人共通の小さなテーブルにサービスのお弁当が置かれていました。みんなでもぐもぐ食べ、眠気が覚めた頃には、あと少しでハバロフスク駅に到着。長くて、あっという間の11時間半でした。シベリア鉄道には遥かなる大地を疾走するロマンがあり、夜行寝台の体験には旅人としての喜びを覚えます。

快適な個室で、電車旅を体験

列車の個室はとても清潔で快適。異国の旅人との出会いや、太陽の動きにあわせて色が変わっていく外の世界を眺めるのもこの部屋で。右側の壁の緑の部分は収納スペースで、歯ブラシやスリッパ、タオルが備えつけられていて、自由に使えます。スーツケースなど大荷物はベッドの下に収納します。

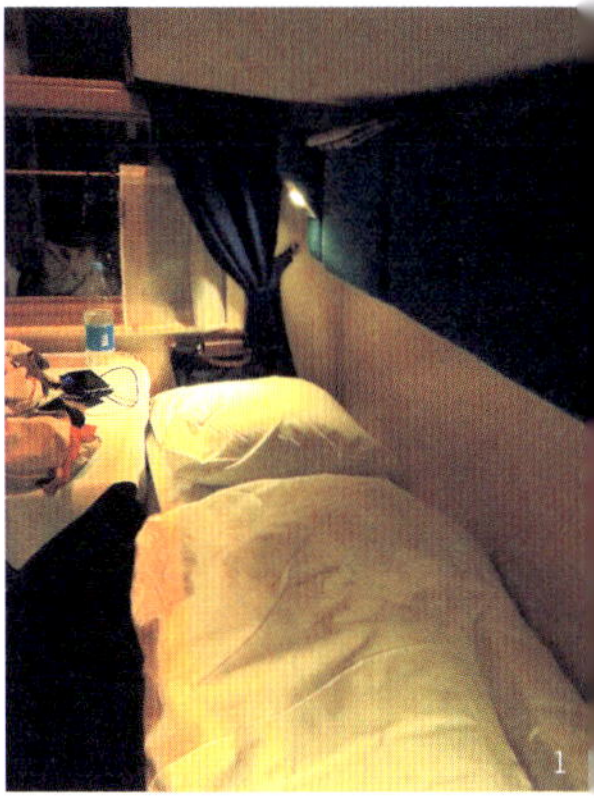

yummy!

1 揺れで度々目覚めるのも、電車旅ならでは。
2 サービスの朝食を食べ、到着を待ちます。

Cool

流れる景色とロシア料理を堪能

列車には食堂車両があります。綺麗にテーブルメイクされて、素敵な雰囲気。本格的なロシア料理を食べることができるので、ウラジオストク駅を21時に出発した場合、22時頃に夕飯を食べ、23時頃に就寝する流れがベスト。席に限りがあるので相席になることも。ビールやウオッカなど、アルコールも飲めます！

CHECK! ビザについて

シベリア鉄道に乗る旅は、ウラジオストクからハバロフスクまで移動するため、ロシア沿海地方限定の電子簡易ビザでは、ハバロフスクへ行けません。必ず通常のロシア観光ビザを取得しましょう。ロシアビザセンターのビザ発行代行をお願いすると便利。ホテル事前予約や航空チケット事前購入不要で、観光ビザを発行してもらえます。
※ロシアビザセンター
(http://visa.d2.r-cms.jp/)

3 DAYS

City / Country

バンコク

BKK／タイ

女子のやりたいことが全部詰まった魅惑の街

東南アジアのラテン国家と例えられるほど、陽気で明るく、小さなことは気にしない大らかな性格のタイは、親日的で、笑顔あふれる微笑みの国。日本からの直行便が多く運行している首都バンコクは、とても面白くて私の大好きな街です。発展途上国としての素朴でローカルな一面もありながら、巨大なファッションモールやホテルなどの高層建築群が摩天楼と化し、超最先

Data

約5時間半

−2時間

バーツ
(1THB＝約3.4円)

タイ語

異国の
伝統工芸体験も、
やってみては？

端なおしゃれを誇っています。街のあちこちで日本語が目につき、日本人の滞在者も多いので、まるでハワイのよう。日本のように多国籍料理屋さんが多いのも嬉しい。世界屈指の安さでスキルの高いマッサージ屋さんに毎日通ったり、贅沢なスパを体験したり、アジアン雑貨を買ったりと、女子のやりたいことが詰まっている街です。日本とはまた違うタイの仏教文化に触れるのも、旅情があります。

日々進化を遂げる、
タイを満喫！

WANT TO GO
バンコクで行きたいとこ

観光客が少ない穴場の フォトジェニックな寺院を見学する

バンコクに来たら訪れるべき3大寺院、ワット・プラケオ（エメラルド寺院）、ワット・ポー（涅槃仏寺院）、ワット・アルン（暁の寺院）がありますが、見応えがある分、どこも人が多くて混雑しています。そんな中、最近SNSなどで話題になり人気急上昇の寺院が、観光客が少なく閑静で素朴なワット・パクナム。こぢんまりとしていますが、仏塔5階にあがれば、驚くほど美しい天井画に出会えます。まるで宇宙のような世界観！SNSで見るのとは比べものにならないほど美しく、間近で見ると、曼荼羅《まんだら》の世界に体が入り込んだような不思議な感覚も。

上階なので、風が入ってきて気持ちがよく、私は1時間くらいそこでのんびりと座り込み、ぼうっとしていました。タイ人は、真剣にお祈りをしに来ています。ある青年は1人で、ある家族はみんなで。そんな光景を眺めながら、忙しない日々について、いろいろな思いを巡らしました。そんなふうに一度立ち返るには、とっておきの瞑想場所なのかもしれません。寺院の敷地は広いので、入り口に着いたら警備員さんに「パゴダ（大仏塔）」と言えば、すぐに場所を教えてもらえると思います。

巨大な水晶からパワーをいただく

このパゴダで多くの方が見逃しているであろう、1階の博物館もおすすめ。中に置かれた多数の仏陀も美しく見応えありますが、特に博物館中央あたりに置かれた金色の仏陀と大きな水晶は一見の価値あり。この前に立ったら、くらくらしてくるほどのパワーを感じました。天井画だけでなくて、この水晶もぜひ拝んでください。

これがパゴダ。広い敷地内で迷わないように注意

good

お供えのための花も、色鮮やか！

WOW!

玩具のように可愛らしい寺院も参拝

ワット・パクナムまでは、BTSシーロム線ウタカート駅かタラート・プルー駅で降りて、そこからタクシーで約45バーツです。ワット・パクナムの裏側には、川を挟んでワット・クン・チャンという寺院があります。玩具でつくったようなポップな世界観の寺院で、これもタイらしい。併せて観光もおすすめ！

ワット・パクナム
(WAT PAKNAM)

BThoet That Road,Bang Yi Ruea, Thon Buri, Bangkok

02-467-0811

営 8：00～18：00

休 なし

アジア屈指の安くて上手なマッサージに何度も通う

「タイといえば、マッサージ！」と言えるほど、街のあちこちで見かけるマッサージ屋さん。高級スパやエステもあって、日本よりもずっと安価に体験できますが、私が真っ先に行くのは街中にある気軽に入れるマッサージ屋さんです。どこも大体1時間250バーツから、足裏や全身をマッサージしてくれます。タイといえば、女性を目当てにくる男性も多くて、きわどいマッサージ屋さんもあるので不安という声も聞きますが、客引きのない店を選べばたいてい問題ありません。心配なら女性には女性のセラピストをつけてもらえば、安心です。

無数にあるマッサージ屋さんの中で、せっかく行くなら駐在員など在タイ日本人も足繁く通う人気店がおすすめ！　私は、施術クオリティの高いセラピストが集まる超ローカルな雰囲気のヌッチマッサージ（NUCH MASSAGE）に毎回通っています。タイ人の客も多く、いつも激混み。タイ古式マッサージや足裏マッサージが、1時間300バーツと激安なので、コスパが高いと評判です。また日本人がオーナーのアットイーズマッサージ（at ease massage）はとても清潔感があり、1人でも安心。

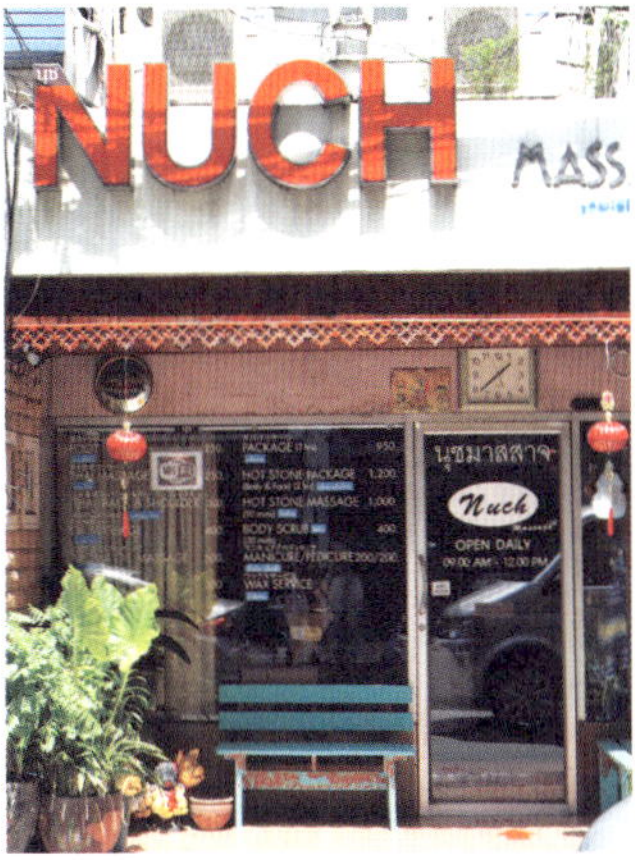

地元でも人気のヌッチマッサージ

横並びにいくつかマッサージ屋さんが続く中、ここはいつもお客さんで溢れています。どのセラピストにあたっても、施術スキルのクオリティが高くて安心。マッサージにはいろいろと種類があり、私のおすすめはオイルマッサージ。ほかの国よりも、確実に安価で体験しやすいと思います。土日は18時以降が比較的空いているようです。

excite

relax

タイ発の
化粧品ブランド、
THANN商品も
購入可能

NUCH MASSAGE

🏠 622 Sukhumvit Road, Khwaeng Khlong Tan, Khet Khlong Toei, Krung Thep Maha Nakhon
📞 02-259-6294
㊑ 9：00〜24：00
㊡ なし

THANN Sanctuary Spa／
ターン・サンクチュアリー・スパ

🏠 622 Sukhumvit Road Klongton Klongtoey Bangkok
📞 0-2664-9924
㊑ 10：00〜22：00
㊡ なし

高級スパで自分にご褒美

日本の百貨店などにも入っている、タイを代表するオーガニック系の高級スパブランドHARNNをはじめ、THANNやPANPURIなど、日本よりも安く本場の雰囲気でスパを体験できます。私は、HARNN直営のTHANN Sanctuary Spaへ行って、至福の施術を受けました。THANN商品もたくさん揃っています！

WANT TO DO

バンコクでやりたいこと

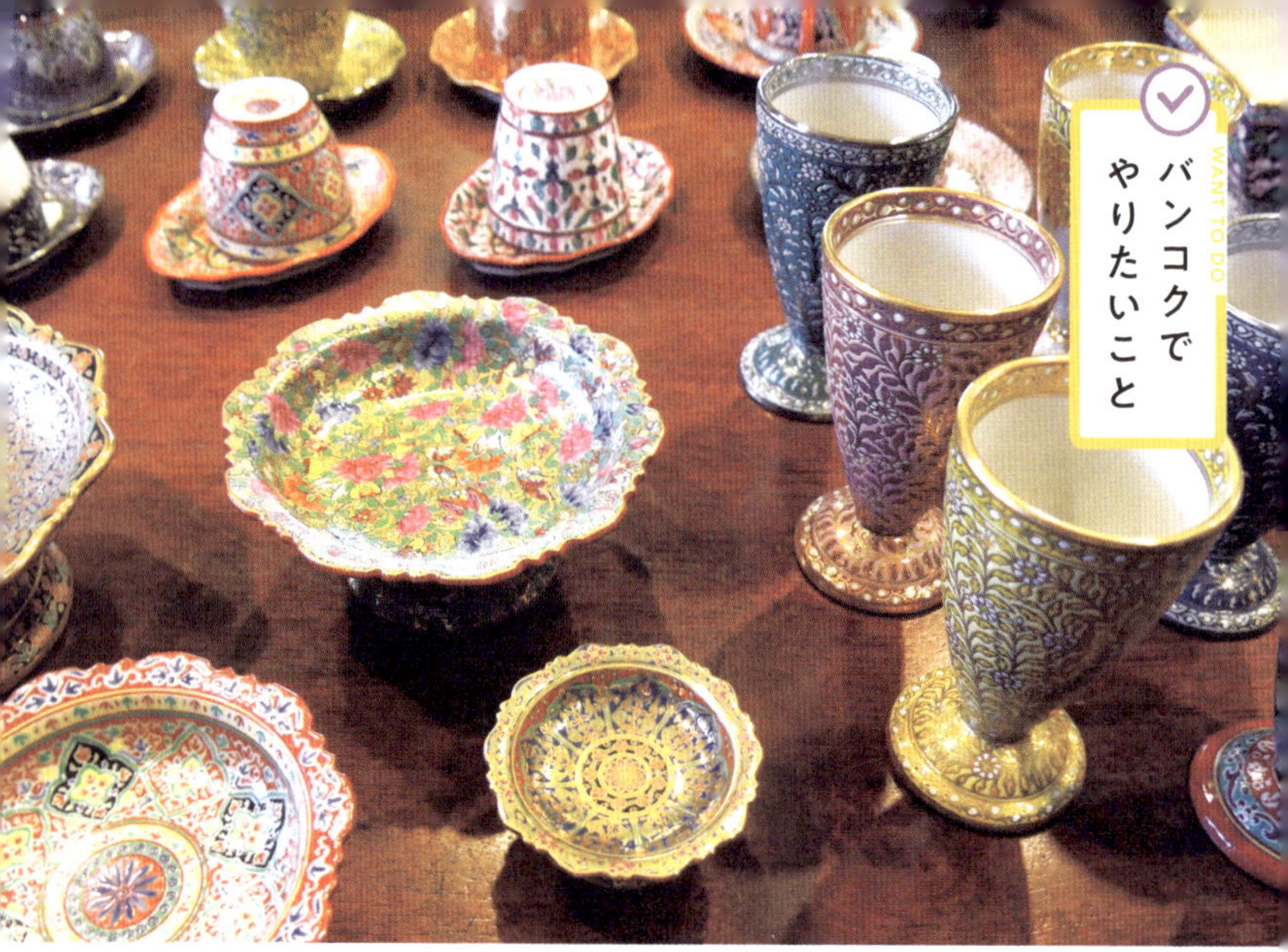

バンコク郊外で、ベンジャロン焼きの絵付けを体験する

バンコク郊外に、タイで最も美しい三大陶磁器の一つ、ベンジャロン焼きの工房があり、絵付け体験をすることができます。ベンジャロン焼きは、アユタヤ王朝時代の17世紀前後に始まったようです。もともとは中国の白磁に絵付けされた食器が伝わってきて、タイから中国へ陶芸家を派遣してつくらせました。絵付けには様々な色が使われているので、とても華やか。ゴールドが入っているものが多く、豪華絢爛な王室の食器として使用されてきました。模様はシンメトリーで、モチーフはタイの伝統的な花や草、鳥（ガルーダ神）、蝶など。

バンコク市内にも、ベンジャロン焼きのお店で絵付け教室をしているところもありますが、私は工房を訪れたいと、友人家族と一緒に市内から1時間半かけて「ピンスワン・ベンジャロン工房」へ行きました。アンパワという水上マーケットで有名な場所から車で10分ほど（市内からタクシーで800バーツ）。ここは、タイ王室御用達の食器をつくっている本格的な工房です。工房一帯に流れる気のよさは、パワースポットかと思うほど。そこで念願の絵付け体験ができるなんて、心躍ります！

繊細な職人技を間近で見学！

工房の見学も可能。職人さんは、絵を描く人と色を載せていく人がいるそうです。２人で一つの食器をつくるのに、約３日かかると言っていました。細かい絵を筆ですいすいと描いていくのも、線からはみ出さないように色を載せていくのも職人技。工房受付では、ここでつくられたベンジャロン焼きの販売もしています！

細かな模様が美しい！

1 先生に教えてもらいながら、絵付け体験。
2 なかなかプロのように上手くはいきません。

絵付け完成。焼き上がりが楽しみ！

ピンスワン・ベンジャロン工房
(PINSUWAN BENJARONG)

🏠 32/1 Moo7, Bangchang, Ampawa, Samutsongkram
📞 034-75-1322
㊫ 7：00〜22：00（L.O.21：00）
㊡ 旧正月・秋夕（チュソク）の当日
※金〜日曜だったら夕方にアンパワ水上マーケットも覗ける。
※絵付けしたマグカップは翌々日にバンコク市内の滞在場所に送ってもらえます。
※クレジットカード可

世界に一つだけの配色に

気持ちのよい外で、絵付け体験スタート。先生に教えてもらいながら、10色ほどを使いわけて、マグカップに色を載せていきます。子どもたちも楽しんで、創造力豊かな芸術作品を仕上げていました。気のいいところで絵付けをしていると、心が浄化されていくようでした。絵付け体験は、マグカップなら１人500バーツ。

3 DAYS

City / Country

サムイ島

SMI／タイ

ただ リゾートホテルで 過ごすだけの 贅沢な旅時間

Data

バンコクで乗り換え

約7時間

−2時間

バーツ（1THB＝約3.4円）

タイ語

タイの首都バンコクから約45分のフライトで、タイで3番目に大きい島、サムイ島に着きます。〝ココナッツ島〟と呼ばれるほど、昔からココナッツ産業が盛んな島。観光地特有の喧噪はなく、のどかな南の島です。素朴な地元の暮らしがそのまま残り、スローな時間の流れに心身の強張りが溶けていきます。サムイ島には有名なリゾートホテルがいくつかありますが、国策

ホテルで
くつろぎながら
自然を感じられます

として、ホテル開発の際には環境保護を条件としているため、ホテルにいてもサムイ島の豊かな自然に出会えます。現在、高級リゾートホテルが競い合うように、より洗練された最高のもてなしとサービスを展開しています。部屋、食事、スパ、アクティビティなど、コンテンツも盛りだくさん。週末に、ホテルのヴィラでゆったりくつろぐだけの旅は、贅沢で魅力的です！

ホテルの中だけで
楽しめること満載

WELCOME

サムイ島でやりたいこと

WANT TO DO

インフィニティ・プールつきの部屋で、ゆったりとした至福の時間を過ごす

サムイ島には、バンヤンツリーやフォーシーズンズなど、高級リゾートホテルがいくつもありますが、2018年にオープンしたばかりのザ・リッツ・カールトン・コ・サムイは、おすすめしたいホテルの一つです。空港から近く、約15分でホテルに着くので、夜遅い便で来ても安心。

部屋は一軒家タイプのプールヴィラと広々としたワンルームタイプのスイートなどがあり、私はプールヴィラに滞在しました。寝室、リビング、バスルームがゆったりした間取りで設計され、外には周囲の自然と一体化したかのようなインフィニティ・プールが。遅めの朝食をたっぷり食べて、夜ご飯もホテルで。その間、ひたすら部屋でまったり過ごすのは、最高に贅沢な時間です。日中は太陽の日差しが一段と強くなるので、部屋で音楽を流しながらプールに入り、泳いだ後はバスタブに浸かって、テラスのリクライニングチェアで本を読んで過ごす。夕方、部屋に置いてある麦わら帽子とカゴバッグを持って、海辺を散歩。優しい潮騒を聞きながら、豊かな旅の時間に幸せを覚えます。

自由に使える
帽子とバッグが便利！

広大なホテルの敷地を散策してみる

ホテルの高台「THE PEAK」には、必ず行くべし。ザ・リッツ・カールトン・コ・サムイの敷地とサムイブルーとも呼べる真っ青な海、優しい空を一望できます。ホテルの敷地は広いので、カートを呼べばどこへでも送迎可能。上手に利用すると便利です。部屋に置いてあるカゴバッグが便利で、どこに行くにも使っていました！

南国らしい
おもてなしが可愛い！

部屋でゆっくり過ごす贅沢な休暇を満喫

バスルームは広くて素敵な空間で、オープンなバスタブはとてもロマンチック。奥にはシャワールームも。アメニティはロンドンブランドのAspreyシリーズ。バスソルトもたっぷりと置いてあり、バスタイムも贅沢に過ごせます。バスタブ横からテラスに出られるので、プールで泳いだ後、すぐバスタブに浸かれるのも嬉しい！

アメニティも
充実していて、快適！

1 清潔で開放的なバスルームが嬉しい。
2 テラスにはゆったりとくつろげるチェアも。
3 アライバル・パビリオンで見る美しい夕景。

世界屈指の最高スパブランド「スパ・ヴィレッジ」を堪能する

ホテルの敷地内だけでゆっくりと過ごす贅沢な大人の旅。部屋や食事もそうですが、どんなアクティビティがあるのか気になります。ザ・リッツ・カールトン・コ・サムイには、世界的に評価の高いYTLホテルズのスパブランド、スパ・ヴィレッジが入っています。東南アジアで広く展開しているスパ・ヴィレッジは、その土地の伝統や文化、自然を生かした施設や施術プランをつくり、ゲストにその土地を感じてもらいながら、効果的な施術を行います。ここでは、サムイ島産の最高級のココナッツオイルをふんだんに使った「SAMUI'S COCONUT HERITAGE」プランがおすすめ。一部屋に一組だけの贅沢な空間には、スクラブ専用の部屋があり、全身スクラブをしてもらった後は、ソンクランシャワー！「ソンクラン！」と言って、お花のたっぷり入った水をかけられます。タイ正月に水をかけあってお祝いする「ソンクラン」のしきたりを、スパの中に取り入れるのは斬新。タイに一歩近付いたようで嬉しい。全身マッサージとヘッドマッサージ、ヘアマスクもココナッツオイルで。至福の1時間半は夢心地で、これぞ自分への最高のご褒美です。

体を動かして、ストレスも発散

ムエタイやピラティス、ヨガ、シュノーケリングなどのアクティビティも敷地内で体験できます。ムエタイの先生が、本格的なリングで参加ゲストにわかりやすく指導してくれます。異国のゲストたちと一緒になって、パンチやキックなどの練習をして、超リフレッシュ！　ストレスリリースできること間違いなしです！

初心者でも
最高に楽しめる！

Relax

hot

ヨガ体験でリフレッシュ

スパ・ヴィレッジの施設内で、ヨガのアクティビティも体験しました。先生に習って1時間たっぷりと体を伸ばすと、普段使っていない筋肉にぴしぴしと痛みが走り、気持ちいい！　終了後は部屋に戻ってごろごろ休憩。部屋には蚊除けスプレーも備わっていて、外のアクティビティに行く際に持ち歩いていました。

ザ・リッツ・カールトン・コ・サムイ

9/123 Moo 5, Tambon Bophut Koh Samui, Surat Thani, 84320 タイ
77-915-777
※アクティビティの予約はコンシェルジュデスクかオペレーターまで。部屋から電話でも予約可能。
※クレジットカード可

3 DAYS

City / Country

シンガポール／シンガポール

SIN

多民族文化に出会う 緑あふれる アジア随一の 最先端都市

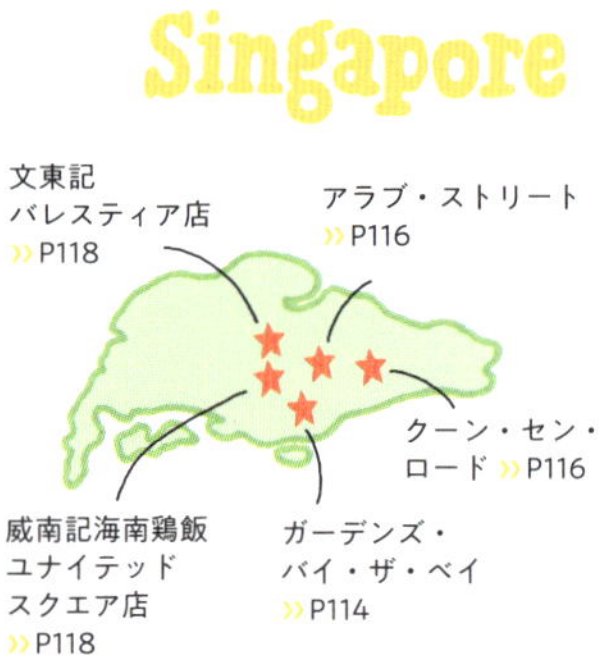

東京23区ほどの面積のシンガポールは、もともと熱帯雨林だった大地を開拓して、国家を樹立させました。今は、失われた緑を取り戻そうと、国策で緑化を徹底しています。街中は、ホテルやショッピングモール、オフィスビルなど、高層建築群の摩天楼が空高くそびえ立ちますが、植物を建築のデザインに取り込み、全体的にマイナスイオンを感じるほど緑化が浸透していて清

Data

約6時間半
～8時間

－1時間

シンガポールドル
（1SGD＝約82円）

マレー語、英語、
中国語、タミール語

涼感があります。また、歴史的に他民族が交ざり合い、チャイナタウンやリトル・インディア、アラブストリート、カトンなど、エリアによって文化や宗教、街並みの雰囲気が違うのも魅力的です。物価の高いシンガポールで、シングリッシュと言われる独特の英語にまみれながら、地元の人たちと一緒になって、美味しくて安いチキンライスを食べるのも楽しい！

有名なマーライオンがお出迎え

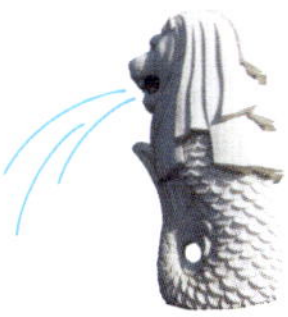

WANT TO GO

シンガポールで行きたいとこ

緑化を目指す都市で、ＳＦ的世界観が美しいガーデンを体感する

ガーデンズ・バイ・ザ・ベイは、巨大なガラスドームの中につくられた超未来系植物園で、最近最も人気の観光スポットの一つです。ドームの外には高さ50mの人工のツリー「スーパーツリー」がいくつもあり、空中の散策路からは世界最大の屋上プールで有名なマリーナ・ベイ・サンズを含め、シンガポールの観光名所がぐるっと見渡せます。

ガーデンズ・バイ・ザ・ベイには、地中海沿岸と亜熱帯の半砂漠地帯の気候帯を再現したフラワードームと、低温多湿な山岳地帯を再現したクラウドフォレストの二つの巨大なドームがあり、どちらも植物体系がユニークで、じっくり観察すると興味深いです。違う惑星に来てしまったかのような建築は、熱帯雨林のパワフルな生命力と、美しい花々に覆われ、体験型アートのような空間となっています。どこでも、とてもフォトジェニックな写真が撮れて、あちこちで写真撮影をする女子たちの姿が目立ちます。また、夜はいよいよ違う惑星に来てしまったように、ＳＦ的な世界に変わります。日夜、二度訪れたくなるいちおしの場所です。

熱帯雨林を間近に感じる植物園

クラウドフォレストでは、天井の近くから滝が流れおち、マイナスイオンを浴びていると、本当に熱帯雨林のジャングルにいるよう。緻密に計算された植生は、写真映えもさることながら、自然の造形の美しさに感動を覚えます。エレベーターで行く頂上のロストワールドには、高山植物や食虫植物などがあり、珍しくて面白いです。

観たことのない
植物が
あちこちに！

SWEET

珍しい食虫植物にも、
興味をそそられます

夜の華やかな光のショーは必見

ドーム外のスーパーツリーは近未来的な出で立ちをしていて、19時頃になるとライトアップされ雰囲気はSF的に。19：45〜と20：45〜の二度、壮大なクラシック音楽に合わせて約15分間、OCBCガーデン・ラプソディという光のマジックショーが行われます。観光客や地元の人たちと一緒に、地べたに座って眺めてみても。

ガーデンズ・バイ・ザ・ベイ

住 18 Marina Gardens Dr, Singapore
☎ 6420-6848
営 5：00〜翌2：00／フラワー・ドーム、クラウド・フォレスト、OCBCスカイウェイ　9：00〜21：00
休 なし
※クレジットカード可

マレーと中国、ヨーロッパ文化が融合したプラナカンを散策する

多民族が入り交じったシンガポールは、街を歩いていると、アラブ系やインド系、中国系などの各文化が根付いた地区があちこちにあります。その中で、シンガポールがイギリス領となる前からマレー半島に住み着いていた中華系移民の子孫、〝プラナカン〟の文化が色濃く残っているエリアが市内にいくつかあります。特にカトンと呼ばれるエリアは、プラナカン独特の美しい家並みが綺麗な状態で残っている場所。西洋と東洋が融合してできあがったプラナカン文化は、建築様式にも現れていて、中国モチーフの装飾と西洋式のタイルをあしらった装飾が見事にミックスされています。パステルカラーの家が続くカトンのクーン・セン・ロードという通りは、１９００年から１９４０年頃に建てられた一階が事務所で二階が住居というショップハウスが並んでいます。市内からはタクシーで行く方が便利で、クーン・セン・ロードで降ろしてもらい、そこから5分ほど歩けばカトンのメイン地区へ。また、アラブ・ストリートと呼ばれるエリアは、おしゃれな洋服や雑貨を売る店、カフェなどが集まり、買い物したい気分が高まります！

beautiful

パステルカラーが可愛い街

プラナカン文化を代表するタイルは、19世紀のイギリスの産業革命によって、マジョリカタイルと呼ばれる二色以上を用いた多彩なタイルがつくられるようになり、これが東南アジアに輸出され、プラナカンにも入ってきたものだそうです。独自のモチーフをはじめ、アールヌーボー様式やビクトリアン様式の花柄なども美しい。

様々な文化が
共存している街！

クーン・セン・ロード

🏠 Koon Seng Road, Singapore
営 普通の通りなので、日中明るい時間がおすすめ
※市内からタクシー移動が便利

アラブ・ストリート

🏠 Arab Street
営 散策するだけならいつでも。明るい時間がおすすめ
※市内からタクシー移動が便利

イスラム文化満載の裏路地

マレー系イスラム教徒が通う国内最大、最古のイスラム寺院“サルタン・モスク”の周辺に広がる裏路地、アラブ・ストリート。イスラム文化が根付き、水たばこのシーシャを楽しむ店やアラビア絨緞を扱う店など、エキゾチックな雰囲気です。おしゃれなワンピースや、雑貨を売る店も多く、買い物におすすめのエリア！

WANT TO EAT

シンガポールで食べたいもの

物価の安いローカル食堂で、絶品チキンライスを食べる

シンガポールの名物ローカル飯といえば、チキンライス。鶏肉をまるごと茹で、特製のタレにつけてご飯と一緒に食べるというシンプルなもの。中国の海南島発祥で、東南アジアに広まりましたが、洗練された美味しさはシンガポールが群を抜いていると言われています。おすすめのお店は、威南記《ウィーナムキー》と文東記《ブントンキー》。威南記は、シンガポール政府が国賓をもてなすときに使うことで有名なお店です。文東記も老舗の名店。どちらも国内に数店舗展開しています。店内は清潔感があり、日本人には嬉しいローカル食堂という感じです。12時を過ぎると、地元の人や会社員が一気に来店して混み合うので、少し早めに行くのがベター。オフィスやショッピングセンターが入っているビルの中にも店舗があり、ほかの店よりも人気があるのは一目瞭然です。味は、とにかく優しい。長時間弱火で茹でた鶏肉はゼラチン質の脂身ができ、ジューシーでしっとりとしています。鶏の出汁で炊いたジャスミンライスはそのままでも美味しい。チキンライス用のチリ、ジンジャー、醤油などのタレもご飯が進む味！ 絶対に外せないシンガポールの定番料理です。

2種のチキンライスを食べ比べ

威南記では、チキンのスチームとローストがあるので、食べ比べたいところ。もちろん、どちらも絶品ですが、初めてなら王道のスチームでもいいかも。ランチセットもあり、価格もお手頃なので、シンガポールのチキンライスを試すなら外せない店です。日本にも支店がありますが、格安のうえ、鶏肉はやはり本場が激旨です！

good

1 エビのシリアル揚げも、香ばしくて美味。
2 名物のチキンライスは、しっとり柔らか。

yummy!

ほかにも食べたい絶品料理が

文東記は、チャイナタウンの小さなチキンライス専門店が始まりで、国内で8店舗展開している有名店。特に鶏の出汁が効いたジャスミンライスの出来は、天下一品と言われています。ローカル食堂でありながら、高級店にひけをとらない味だと、地元の人からも永く愛されている老舗です。チキンライス以外のメニューも絶品！

威南記《ウィーナムキー》海南鶏飯《ハイナンチキンライス》
ユナイテッドスクエア店

101 Thomson Road, #01-08 United Square, Singapore
6255-6396
10：00～22：00
不定休
※クレジットカード可

文東記《ブントンキー》バレスティア店

399, 409 & 403 Balestier Road, Singapore
6254-3937
11：00～16：45、17：30～翌4：00（日曜のみ翌3：00まで）
※クレジットカード可

3 DAYS

City / Country

バガン&ヤンゴン／ミャンマー

BGN&
YGN

東南アジアの秘境で仏教世界の最高傑作に出会える街

Bagan & Yangon

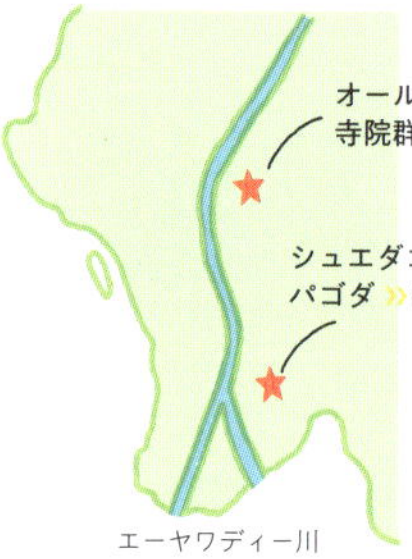

Data

約8時間

－2時間半

ミャンマーチャット
(1MMK＝約0,07円)

ミャンマー語

東南アジアで、ミステリアスな印象があるミャンマー。日本人には『ビルマの竪琴《たてごと》』の舞台か、軍事政権、社会主義国家という印象が強いかもしれません。私も、旅に出るまではドキドキしていました。ところが、実際訪れたミャンマーは、信仰心の厚い仏教徒の国で、人は優しく温厚。物質的に豊かとは言えないけれど、心の豊かさは計り知れず、ノスタルジックなぬくもりに

満ちていました。世界のあちこちを旅してきた人たちも、「ここは最後の秘境だ」というほど。ミャンマーの最大の魅力は、仏教国家としてのありのままの姿にあります。バガンは、ヤンゴンから一泊か日帰りでも訪れてほしい仏教の聖地です。人の信仰心がつくり出した数千にも及ぶ仏塔・寺院群が、壮大な平原の木々の合間にひっそりと点在し、かつて見たことのない美しい光景に、心が震えるはず。

最後の秘境で、
仏教文化に触れる旅

WANT TO GO

バガンで行きたいとこ

圧巻の光景に出会える仏教の聖地で、寺院巡りをする

カンボジアのアンコールワットや、インドネシアのボロブドゥールなど、壮麗な仏教芸術と讃えられる遺跡は一生で一度は見ておきたいけど、私が一番おすすめしたい仏教遺跡は、ミャンマーのバガンです。ヤンゴンから国内線の飛行機に乗って、日帰りで訪れることができるバガンは、ぜひ旅の目的にしてもらいたい聖地。数千を超える寺院群が、平原の木々の間に埋もれるように点在しています。無数の寺院でも、抑えておくべき寺院はオールドバガンにあります。特に1090年に建立されたアーナンダ寺院は荘厳な伽《が》藍《らん》建築が素晴らしく、バガンの中でも最大規模の大きさです。内部には、東西南北の方角に安置されている立ち大仏が黄金に輝き、どれも高さ9・5mほど。足元から仰ぎ見ると、圧巻の威厳を放って立っています。寺院の上にのぼり、平原に建つ無数の寺院を眺めれば、この世とは思えない圧巻の光景が広がります。寺院は広大な場所に点在しているので、寺院巡りには馬車をチャーターするか、電動自転車などをレンタルするのがおすすめ。また、寺院内見学は基本的に裸足で、露出した格好は原則禁止されているので要注意。

歴史を感じる圧巻の寝釈迦仏

オールドバガンのシンビンターリャウン寺院には、全長18mにも及ぶ寝釈迦仏が、建物の中に所狭しと安置されています。ミャンマーでは、改修された比較的新しい仏像を多く見かけますが、この寝釈迦仏は古く、味わい深くて素敵です。寝釈迦仏の足側へ行くと、高さ2mはありそうな足の裏がお目見えに！

fun!

寺院を巡るなら、
馬車がおすすめ！

great

仏教を身近に
感じられる場所です

レンガ造りが美しい寺院

全体的にシンメトリーの美しいレンガ建築のティーローミンロー寺院。バガン王朝後期、ティーローミンロー王によって建立されました。寺院内には、黄金に輝く大仏が四体、東西南北を向いて安置されています。微笑んでいるような優しい表情です。入り口参道の土産物屋も覗いてみると楽しい。

オールドバガン寺院群

Old Bagan, Mandalay Division, Myanmar, Bagan
※ヤンゴンから日帰りなら、バガン行きのツアーを申し込むと便利。

ヤンゴンのシンボル、シュエダゴン・パゴダを参拝する

　バガンに行く拠点となるミャンマーの首都ヤンゴンで、古来変わらずに地元の人々の心の支えとなっている存在が、金色に輝く荘厳な仏塔寺院のシュエダゴン・パゴダです。諸説ありますが、約２５００年前に最初に建立されたとも言われています。高さ約１００ｍの大仏塔を中心に、何塔もの金色の仏塔が建つ、豪華絢爛な世界。大仏塔の先端には、76カラットのダイヤモンドをはじめ、エメラルド、ルビーなど無数の宝石が埋め込まれているそうです。寺院内の床にある黒いタイルで四角に描かれているところに立つと、大仏塔の先端がきらりと輝いて見えます。角度によって、青や緑、赤に見えることも。ミャンマーでは生まれた曜日によって参拝する神様とお供え物が変わります。参道で、自分の曜日のお供え物を買うこともできます。

　夜になると、寺院の中は一斉にライトアップされ、日中とは打って変わってギラギラとした雰囲気に様変わり。気づけば、周囲にはたくさんの人が座って仏塔を眺めています。私も一緒に座り、ぼうっと見学。闇夜にうかぶ金色の仏塔群が、煌々と輝いていました。

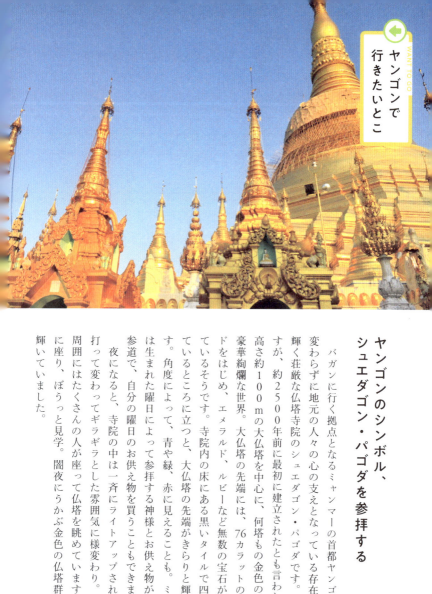

現地の人たちとの交流も楽しい

寺院の中をうろうろしていたら、傍にいたおじいちゃんが一緒に写真を撮ってくれました。僧侶とも違う格好をしていましたが、熱心に祈りを捧げていました。ミャンマー人は一見シャイですが、とても人懐こくて優しいです。寺院見学の際は、胸に入場シールを貼ります。また、入場料は外国人価格で1万チャット。寺院内は裸足です。

beautiful

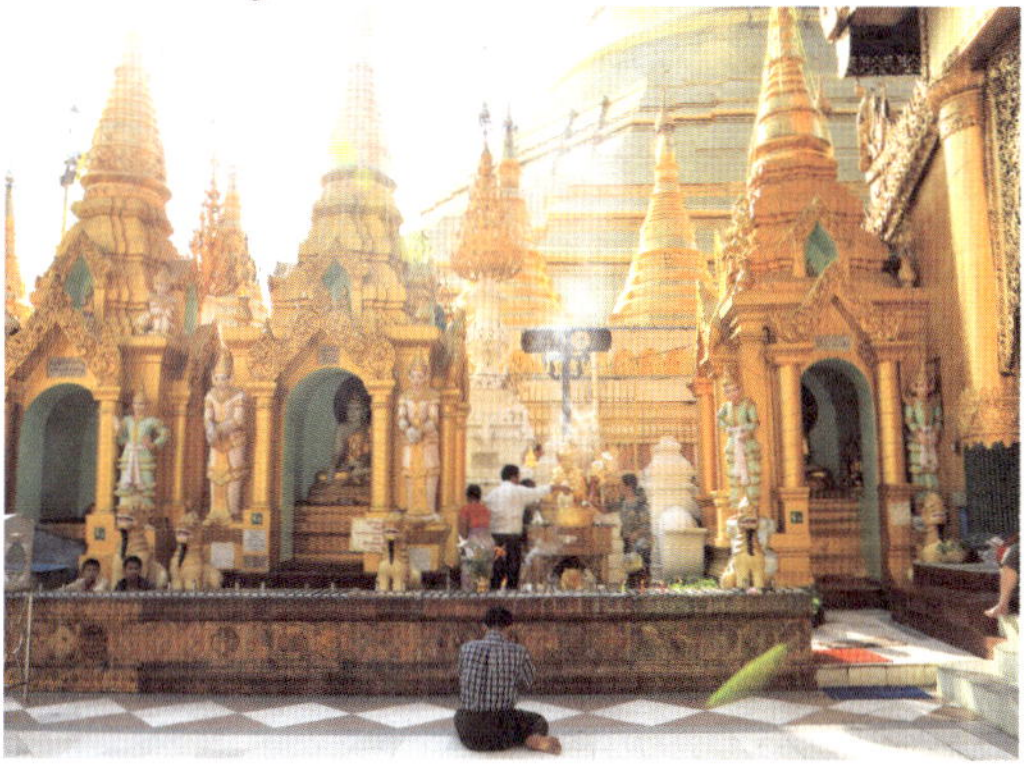

Cool

あちこちに、
座って祈る人の姿が！

自分の曜日の神様にお祈りを

ミャンマーでは、水曜日だけ午前と午後に分かれ、全部で8つの曜日があります。生まれた曜日によって神様が変わり、安置される方角も違います。シュエダゴン・パゴダでは、地元の人たちが、生まれた曜日の神様を奉る仏塔前で祈りを捧げていました。私は木曜日生まれなので、「Thursday Coner」という案内板の前に行き、参拝しました！

シュエダゴン・パゴダ

🏠 1 Shwedagon Pagoda Rd., Dagon Township, Yangon

📞 01-855-1012

営 4：00～22：00（最終入場は21：45）

休 なし

※クレジットカード不可

3 DAYS

ハノイ

HAN／ベトナム

City / Country

古きよき時代の面影を残した、元フランス植民地のレトロな街

Hanoi

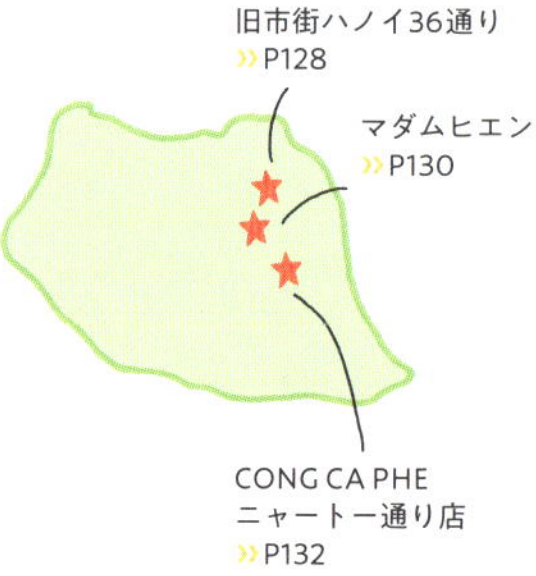

Data

約5時間

－2時間

ドン
（1VND＝約0,005円）

ベトナム語

街並みはレトロ感がありながらも、台湾のように日本的な面影はなく、東南アジア特有の南国感と、フランスの植民地だったころのコロニアル建造物が残り、異国情緒にあふれるハノイ。政府が保存地区にしているため、約1000年の街の歴史が踏襲されており、風情があります。第一次インドシナ戦争やベトナム戦争など、負の歴史を刻んだ側面も印象的だけど、実際に

はのどかで適度な喧噪感と優しい雰囲気のする街は、ふらふらと歩くだけでも旅心が満たされます。街の中心にホアンキエム湖があり、周囲には地元の人がベンチに腰掛け、ゆるやかな時間を過ごしています。ホアンキエム湖の北側は、素朴なベトナムらしさの残る旧市街が魅力で、南側は高級ブティックなどが軒を連ね、新旧楽しめるのが魅力。こぢんまりとした規模なので、徒歩で散策しやすい街です。

レトロな旧市街をのんびり、カメラを持って散策する

ホアンキエム湖の北側一帯で、北部ベトナムの首都だったタンロンは、かつて一大商業区があり、現在の旧市街で通称「ハノイ36通り」と呼ばれるエリアです。もともと36の組合があり、通りごとに同業組合が区分されていて、金物屋、線香を売る店、サンダルや靴などを売る店、布やボタン、糸などを売る手芸店など、老舗の店がずらっと軒を連ねています。ハンクアット通りの判子屋さんで、オリジナルの判子をつくってお土産にしても、ハンガイ通りでシルク製品を物色しても。店の前では、店番をしている女の子たちが、楽しそうにおしゃべりをしていたり、ときにはうたた寝をしていたりと、ほのぼの。ハノイ36通りには、そんなベトナムの色彩が詰まっています。

街路樹の緑が涼しげで、猫や犬がのほほんとくつろぐ光景は、戦禍に見舞われた街とは思えないほど平和そのもの。週末の夜だけナイトマーケットが開催されるので、散歩がてら見学するのも楽しい！　ローカル食堂でフォーを食べたり、プチプラな土産物を物色したりしながら、旧市街をゆっくり歩いても半日程度。カメラを持って立ち寄りたいエリアです。

pick up

Check

足を延ばして、心躍るハノイの雑貨を物色

旧市街の散策を終えたら、ハノイ大教会あたりまで足を延ばして散策！　大教会周辺は旧市街とは違って、モダンでおしゃれな、いかにも観光客向けのカフェや雑貨屋さんがあります。クオリティが高く、センスのよいバッチャン焼きの食器やベトナム漆器、木彫りの生活用品やインテリアなど、雑貨屋巡りも飽きません！

ぼったくられないように、注意！

旧市街ハノイ36通り

🏠 Pho Co.Ha Noi
㊝ 店舗によって異なる
※ナイトマーケットは毎週金～日曜の18：30～24：00

色鮮やかな街並みを歩く

レトロな雰囲気とカラフルな色合いが、とてもフォトジェニックな街並み。袈裟をかぶって人力車シクロを運転する人や、バイクで3人乗りをして手を振ってくる人など、ベトナムらしい光景は徒歩で散策すればこそ出会えます。ちなみにシクロは、ぼったくりが多いというので、利用するときは要注意です。

WANT TO EAT

ハノイで食べたいもの

雰囲気抜群のレストランで、創作ベトナム料理をいただく

ベトナム料理を楽しむなら、ハノイ36通りのローカル食堂でも充分ですが、おしゃれな創作ベトナム料理も魅力的。ハノイ大教会の近くに、フランス植民地時代のフレンチヴィラをそのまま改築したマダムヒエンがあります。ハノイでも有名なおしゃれ一軒家レストランで、黄色い外観が可愛らしいです。ランチも営業していますが、日中は街を散策しながら食べ歩きに徹し、夜にゆっくりディナーをいただきに来るのがおすすめ。お店もライトアップされて、ムーディな雰囲気で一層素敵です。

食事は、テラス席か室内席か聞かれます。テラス席は雰囲気があり、外国人に人気で、徐々に混み始めて満席になるそうです。もちろん、中もクラシカルな雰囲気があって、インテリアもとてもおしゃれ。私は暑かったので、室内にしました。メニューは日本語で書いてあって、「シェフのおすすめ」から注文。創作料理なので、定番の生春巻きやフォーなども味つけや盛りつけにひと工夫あり、こだわりぬいています。コース料理もあって、食べ切れないほどの量が出てくるので、ぜひお腹を空かせて行きたいところです！

excite

雰囲気も抜群のレストラン

夕暮れとともにライトアップされ、とてもムーディな雰囲気となる一階のテラス席。19時頃にはほぼ満席になるほど、人気のようです。二階にあるバルコニー席も同様な雰囲気でおすすめ。室内は空調が効いており、また素敵なインテリアが魅力的。コロニアル様式の建築を堪能するためにも、ぜひ訪れてみたいレストランです。

yummy!

Check

アレンジがおしゃれなベトナム料理

ベトナム料理の定番フォーも、ここではとてもおしゃれに出てきます。なんと、フォアグラとレモングラスのフォー。テーブルで、ウエイターさんがスープをたっぷり注いでくれます。ふわっとレモングラスの香りが漂い、フォアグラとスープが絶妙に合います！　セラドン焼きやバッチャン焼きの食器も素敵。

マダムヒエン（Madame Hien）

15 Chan Cam, Q. Hoan Kiem

024-39381588

営 11：00～22：00

休 なし

※クレジットカード可

大教会前のおしゃれなカフェでベトナム珈琲を飲む

ハノイでは、おしゃれなカフェをたくさん見かけますが、市内に20店舗ほど展開しているCong《コン》 Ca《カ》 Phe《フェ》は、滞在中に一度は訪れたい素敵なカフェです。店名のCongは、「軍」という意味で、ベトナム社会主義体制をコンセプトにしています。ベトナムが南北に統一される以前の時代をイメージしているようで、昔ながらのハノイを再現した店内は、レトロな家具や照明など、映画のセットのような雰囲気重視の内装で、旅情たっぷり。外観もカーキーに統一され、店員さんたちもカーキーの軍服のような格好をしています。おしゃれなカフェはいくつかありますが、これほど隅々にわたり、徹底したこだわりをもったカフェはそんなに多くありません。

ベトナムコーヒーは独特な癖があり、これまで飲んだことのあるコーヒーとはまったく別物でした。ハノイ発祥のヨーグルトコーヒー（SUA CHUA CA PHE）は、濃厚な甘みのあるコーヒーにヨーグルトがマッチして、これまた斬新ながら、絶妙な旨さ。時代を遡ったような店内で、ハノイ名物のコーヒーを飲んでみるのも、素敵な思い出になります！

WOW!

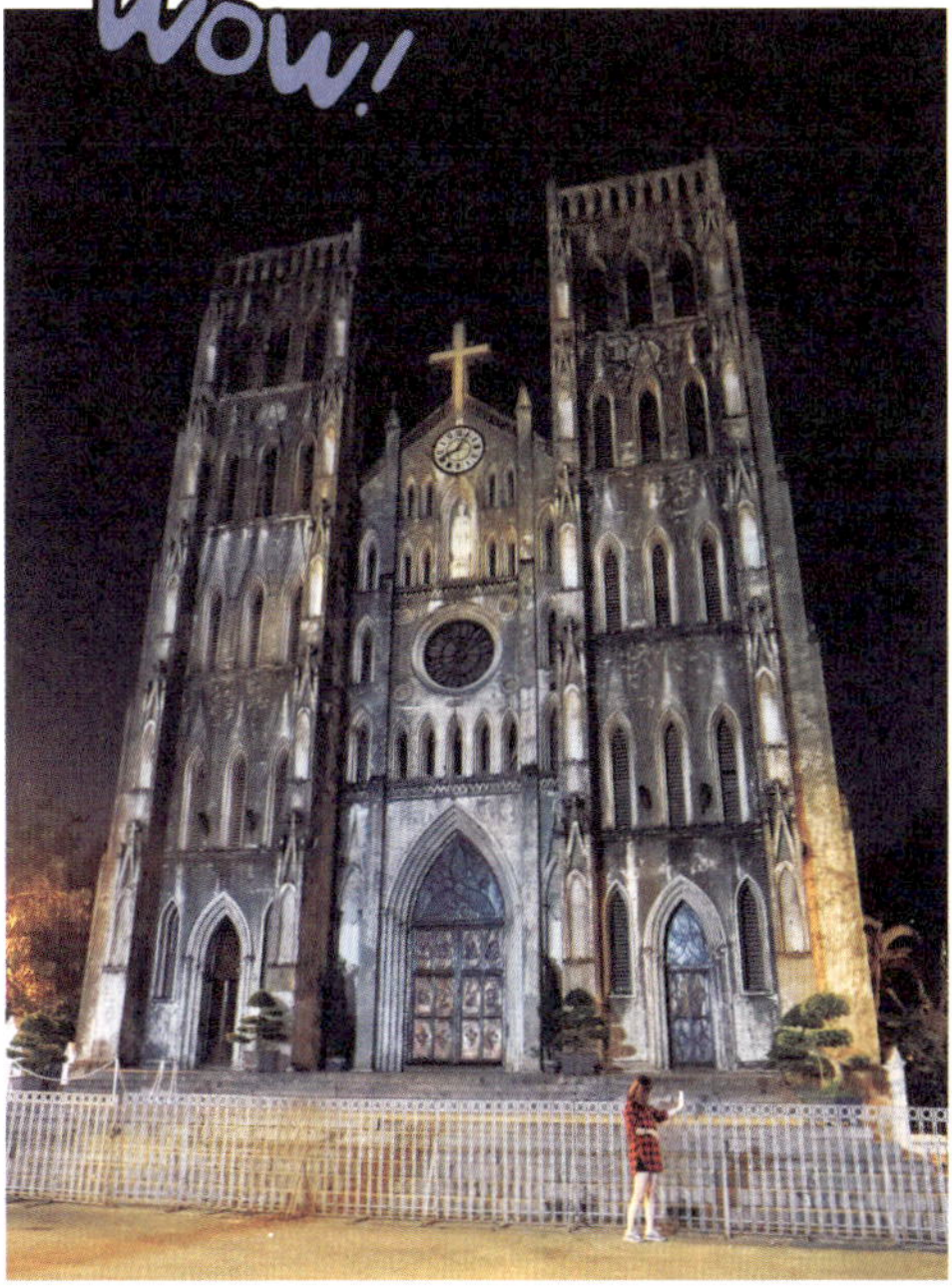

ハノイの歴史を感じるランドマークへ

ハノイ市内のランドマークでもあるハノイ大教会。ゴシック様式の壮麗な出で立ちは、東南アジアでありながら、西欧の植民地であった面影を印象強く与えます。ここも、ハノイに来たら立ち寄りたい場所。目の前には、コンカフェのニャートー通り店があります。23時までオープンしているので、歩き疲れたらぜひ休憩を。

fun!

雰囲気が異なるカフェの内装を満喫

コンカフェのニャートー通り店は、3階建てになっていて、階ごとに内装もインテリアも違います。階段さえ雰囲気があり、フォトジェニック。映画のワンシーンにいるような気分がしてきます。ハノイ市内にある別店舗も、コンセプトは同じでも、内装やインテリアが違うので、覗くと楽しいです。

CONG《コン》 CA《カ》 PHE《フェ》ニャートー通り店

27 Nha Tho , Hoan Kiem District , Ha Noi

024-2220-0240

営 8：00～23：00
※クレジットカード不可

3 DAYS

ダナン&ホイアン／ベトナム

City / Country

DAN&HAN

別世界に迷い込んだような幻想的な美しい街

Da Nang & Hoi An

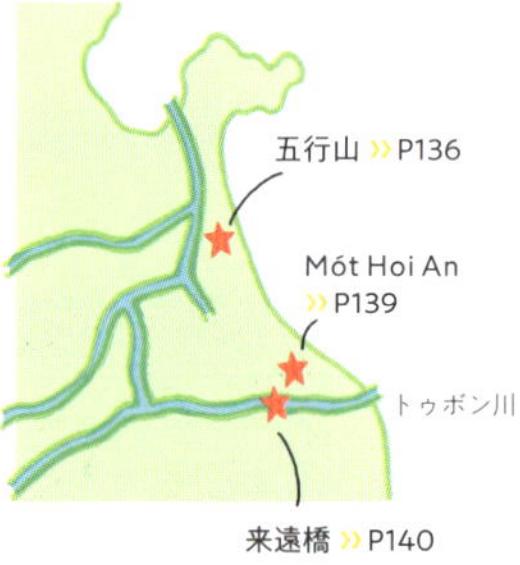

Data

約5時間半

−2時間

ドン
(1VND＝約0,005円)

ベトナム語

ベトナムの中でも、有数のリゾートホテルが建設され、観光地化開発が甚だしく勢いのある街・ダナン。日本から直行便も出ており、ゴルフやリゾートホテル滞在を目的に来る人も多く、男性にも人気のある街の一つです。ダナンに来て、私が最も心惹かれた場所は、五行山と、ダナンから約30km離れた世界遺産の街・ホイアンです。五行山は山全体が大理石でできていて、

散策すると一汗かきますがとても気持ちがいい場所。ホイアンは、女子心をくすぐる可愛らしい街並みと、夜になるとぽんぽんと点灯する路上のランタンが幻想的で、この世あらざる雰囲気を醸し出します。ダナンからローカルバスで、約1時間で行けるので、夜の灯籠流しを見学する予定で、夕方頃に行くのがいいと思います。ホイアンに一泊して、翌日ダナンへ戻る際に、五行山に寄るプランもおすすめ。

神聖なる五行山に登って、パワーをもらう

山全体が大理石でできているため、マーブルマウンテンと呼ばれる五行山は、五つの山が連なり、それぞれ宇宙を構成する火、水、木、金、土の名前がつけられています。だだっ広いダナンの街外れに、空へそびえるお城のように五行山があり、宇宙のパワーを存分に受け取っているようにみえます。ここには洞窟がいくつもあり、寺院や仏像がつくられています。登山とまではいきませんが、わりとしっかり山を登るので、履物はヒールやサンダルだと厳しいです。寺院はデコラティブで、ディテールが美しく、よく見ると可愛らしい。

参拝後、石のアーチのような門を通過して、「Dong Van Thong」と書かれた案内板の方へ向かうと、五行山のハイライトでもある洞穴があります。奥には仏壇があり、さらに奥には暗闇の洞窟内を照らす光が、天井から差し込んでいます。自然の造形が生み出した孔は太陽のようで、蒼く輝きとても神秘的。さらに奥へと進み、人ひとりがやっと通れるほどの岩の隙間をくぐって、外界へ抜け出すと、ダナンの街を一望できる場所へと出ます。空が近くて、まさに宇宙を感じられる場所です。

洞穴を抜けた先に広がる絶景

「Dong Van Thong」の洞穴を入り、奥へ奥へと進み、狭い岩場をくぐり抜けると、この場所へ出られます。ダナンの街と海が美しい眺めで、宇宙のパワーが降りてきそうです。五行山は、入り口からエレベーターで登ることもできますが、そこから山頂まで、洞窟内部は足元が細く、石階段やごつごつした岩場が続くので、履物に注意！

ダナン観光なら
五行山へ！

great

細かな装飾が
可愛い！

可愛らしい世界観の寺院に寄り道

洞穴を抜けたところにある、極彩色のタムタイ寺院は、可愛らしい世界観。色使いもパステルカラーや蛍光色と明るく、お絵描き好きの子どもが描いたような外観は、じっくり観察すると、細かいところも面白い！　寺院のタイル文字は、一つ一つがお茶碗のカケラをはめ込んだようになっています。

五行山

㊧ Hoa Hai, Ngu Hanh Son, Da Nang
℡ 0236-3836355
㊟ 7：00〜17：30
㊡ なし
入場料：15,000ドン
※ダナン市内からはタクシー移動がおすすめ（片道500円程）。
※クレジットカード不可

WANT TO GO
ホイアンで行きたいとこ

日本にもゆかりがある ホイアンの旧市街を散策する

ダナンから約30km離れ、トゥボン川の河口にあるホイアンは、かつて日本やオランダ、ポルトガルなどの商船が来航していた国際貿易の街でした。17世紀頃には日本町があり、日本人が多く住んでいたことも。日本橋と呼ばれる来遠橋《らいえんばし》があり、観光名所となっています。ホイアンの古い街並みは、黄色い建物の外観が目立ち可愛らしく、情緒的で世界遺産に登録されています。アジアらしい喧噪はなく、穏やかで、どこを歩いてもほんわかとしたムード。そこかしこに咲き誇るブーゲンビリアなどの華やかな花々も美しいです。

日中は静かな街中をのんびり散策して、裏路地に入ってみたり、ふと出会ったお店のお母さんとおしゃべりしながら手作り雑貨を買ったり、おしゃれなカフェでベトナムコーヒーを飲んで休憩したり、ただ散策するだけで楽しい時間を過ごせます。太陽が沈み始めると、途端に観光客が急増。路上や軒先に吊り下げられたランタンが一斉に灯り始め、夢想的な街並みへと変化します。なによりトゥボン川で毎夜行われる灯籠流しは、夢か現か、異世界を旅している気分に浸れます。

1 様々なハーブが入って、さわやかな味。
2 もともとは、100年続く漢方店でした。

夕方からはより幻想的に

夕暮れとともに、カフェや雑貨屋さんなどの軒下にランタンが灯り始めます。緑、青、黄、赤、ピンクなど、色とりどり。この時間帯からツアーの団体客がどっと押し寄せるので、かなり混雑して歩きにくくなります。一足早く、一通り街歩きを済ませておくと気が楽です。

Mót《モット》 Hoi《ホイ》 An《アン》

🏠 150 Tran Phu street, Hoi an, Quang Nam
📞 090-191-33-99
㊔ 9：00〜22：00
㊡ なし
※クレジットカード不可

さわやかな絶品ドリンク

街歩きをしながら飲みたいのが、観光客に人気のMót《モット》 Hoi《ホイ》 An《アン》のトラディショナル・ハーバルドリンク。漢方ジュースのようで、レモングラスやジンジャー、蓮の葉、シナモンなど多種多様なハーブや薬草を煎じてつくられています。さっぱりとして美味しい。蓮の花びらを添えてくれ、見た目も華やか。

ホイアンで行きたいとこ

WANT TO GO

幻想的な夜の川辺を散策する

ホイアンの夜は、まるで夢の世界のようです。トゥボン川で毎夜、何艘もの手漕ぎ舟が水面を走り、灯籠を滔々と流していきます。川に反射した灯火がゆらゆらと揺れて、川面には光の世界が広がります。灯籠流しは日本でも馴染みがあり、死者の魂を弔うために行われますが、ホイアンでは、中国文化の流れとも言われています。現在は観光向けの催しとなっているようで、小舟に乗っているのはほとんど観光客です。アンホイ橋からは、その幻想的な光景を眺めることができますが、ものすごく混み合います。それでも、とても厳かな雰囲気がして、うっとりと見とれてしまいます。

アンホイ橋付近に停泊している小舟に乗って灯籠流しをすることも、川縁から灯籠流しをすることも可能。客引きのおばさんや子どもと値段交渉をして、灯籠流し体験をするのもいい思い出。トゥボン川沿いの通りは、ランタンを吊り下げたレストランが軒を連ね、こちらも幻想的。灯籠流しを堪能したあとはここで夜ご飯を食べて、旅の時間をゆっくり反芻してみても。ダナンに泊まっている場合は、タクシーで戻るのが安全です。

Point

旅の思い出に
灯籠流しを体験する

アンホイ橋付近では、灯籠流しをすすめてくる客引きのおばさんや子どもがたくさんいます。それぞれ交渉によって、値段は多少異なるようですが、大体1個1万ドン～、小舟に乗る場合は10万ドン～で体験できるようです。旅の思い出に、小舟に乗ってアイホイ橋の下を通るのもロマンチックで、おすすめです！

beautiful

灯籠流し

旧市街を流れるトゥボン川で
営 18：00～22：00頃

来《らい》遠《えん》橋《ばし》（日本橋）

Tran Phu Street, At the West end of Tran Phu St., Hoi An
034-75-1322
営 7：00～18：00（通り抜けだけなら24時間）
※共通チケットは旧市街に7カ所あるチケットオフィスで購入可能。
※クレジットカード不可

夜のホイアンの街を散策

夜になると、グリーンの光にライトアップされる来遠橋。かつて日本人移住区と中国人移住区をつないでいた橋で、建物のような豪壮さがあり、旧市街の観光の目玉です。橋の中央にあるカウ寺の見学も忘れずに。見学には、チケットの購入が必要です。通り抜けるだけなら無料。

City / Country

アグラ
AGR
／インド

世界屈指の美しい建築に出会う街

一度は見てみたい
神秘的な美しさ

Data

約９時間

－３時間半

ルピー
（1INR＝約1.5円）

ヒンディー語

広大なインドには、東南アジアや西洋では見たこともないような独特の美しい建築がたくさんあります。中でもインド北部のアグラにあるのが、世界的に有名な白亜の美しい建造物タージマハル。世界各国から、またインド国内から大勢の観光客が押しよせる人気スポットですが、ここは寺院ではなく、ムガル帝国の皇帝が亡き王妃のためにつくらせた墓廟。アグラ郊外には、

タージマハルよりも古いファテープル・シクリという宮廷があり、土着の建築文化とイスラム建築がミックスされた珍しい建築群です。この二つはぜひ訪れたい場所ですが、時間に余裕があればアグラ城塞へ。どれも世界遺産に登録されています。アグラへは、列車の当日チケットが取りにくく、治安が心配されるインドなので、旅行会社であらかじめ日帰りツアーを予約しておくと安全です。

美しい建築と、
美味しい食べ物の旅

WANT TO SEE

アグラで観たいもの

一生に一度は行ってみたい、白亜の美しいタージマハルを見学する

世界的にあまりにも有名すぎて、かえって行く機会を逸している人も多いのではないかと思うタージマハルですが、やはり一生のうちで一度は見ることをおすすめしたいほどの、息をのむ美しさです。ムガル帝5代皇帝のシャー・ジャハーンが、出産が原因で亡くなってしまった妻ムムターズ・マハルの死を嘆き悲しみ、霊廟を捧げることにしたのが始まりです。墓廟建設の着工から22年の歳月をかけて竣工した、皇帝の皇后への愛の結晶といえるタージマハルは、世界で最も美しい建築の一つと讃えられています。

総大理石の白亜の建物は、緻密な装飾や彫刻が施され、想像以上に大きくて壮麗です。それもそのはず、世界中から設計士や宝石工、金細工師のスペシャリストが選りすぐり集められ、建築に携わった、まさに世界の最高傑作物なのです。正面のメインゲートから見るタージマハルは、完璧なまでに左右対称です。夕陽に朱く染まっていく妖艶なタージマハルも幻想的。しかし19世紀までは密林の中に眠っていたようで、発見した当時に思いを馳せると、想像を絶するロマンがあります。

大理石でできた白亜の世界に潜入

長蛇の列に並び、霊廟内部を見学します。中にはムムターズ・マハル王妃とシャー・ジャハーン皇帝が横に並んで眠っています。皇帝は、建設に莫大な費用を投資したため、国が傾き、最後は息子に幽閉されてしまったといいます。死後、タージマハルを挟んだ川の対岸に、自身の墓廟を黒大理石で建設することを夢見ていたそうです。

さすが
人気観光地という
大行列に並んで

WOW!

1 徹底されたシンメトリーの空間に感動。
2 夕暮れどきのタージマハルも、優美な姿。

good

タージマハルへの
入り口、大楼門

どこまでも左右対称な敷地内

白亜の墓廟を挟んだ両側には、外観が同じ集会所とモスクがシンメトリーにあります。イスラム教徒の巡礼者を受け入れる施設として建設されたようです。ここは外観が赤砂岩でつくられています。見学の際は、大理石が傷付かないように、敷地内では靴にビニール袋をかぶせて歩かなくてはいけません。

タージマハル

㊎ Agra, Uttar Pradesh 282001
📞 0562-2330498
㊥ 日の出から日没まで
㊡ 金曜
※入場時に持ち物検査あり

WANT TO SEE

アグラで観たいもの

宗教の融和をはかったアクバル皇帝の最高傑作建築を見学する

ムガル帝国3代皇帝アクバルが建設した都市ファテープル・シクリ。跡継ぎができなかったアクバルに、この地ならばと、イスラム教徒の聖者が預言をして王子が生まれることとなり、その記念にとアグラから遷都して新しい都市をつくったのが始まりです。しかし、台地の上につくられたため、深刻な水不足に見舞われ、わずか14年で廃墟となってしまったそうです。現在残っている宮廷地区とモスク地区は見学可能で、世界遺産に登録されています。赤砂岩でつくられているため、全体的に赤い都という印象。私が感銘を受けたのは、イスラム王朝のムガル帝国が、イスラム教とヒンドゥー教の融合をはかり、両方の建築様式を融和させているところ。そのため、アクバル式と呼ばれる唯一無二の建築様式は、見事なまでに美しく、世界中の建築家からも人気があるそう。タージマハルやアグラ城塞より知名度が低いため、観光客が少ない穴場です。ここにいると、悠久の時の流れを感じ、旅情が駆り立てられ、切なさと感動を覚えます。なんて美しい夢の跡。白亜の大理石でつくられた廟《びょう》は、子宝をのぞむ女性たちの巡礼地でもあるようです。

ムガル建築の最高傑作を体感

高さ40m以上ある巨大な南門のブランド・ダルワーザーは、ムガル建築の最高傑作と言われています。グジャラート地方を完全征服させた記念の門です。門を抜けると、広い中庭が現れます。正面に見える白亜の建物が、アクバルに王子が授かると預言した聖者サリーム・チシュティーを祀った廟です。

excite

Cool

ファテープル・シクリ
(Fatehpur Sikri)

🏠 Fatehpur Sikri, Agra, Uttar Pradesh
📞 0561-3282248
営 日の出から日没まで
休 なし
※クレジットカード不可

宗教融和の思想を表す建築

モスク地区の金曜モスク内にある、メッカの方向を示すミフラーブ。壁一面に施された美しいモザイク装飾は一見の価値ありです。建物はすべて赤砂岩で建てられ、インドの伝統的な建築構造とペルシアのアーチ構造が融和されています。アクバル皇帝の宗教融和の思想を表現した建築といえます。

3 DAYS

City / Country

セブ島

CEB

フィリピン

見て泳いで
買って楽しむ、
フィリピン
最古の町

観光客に嬉しい魅力が
詰まってる！

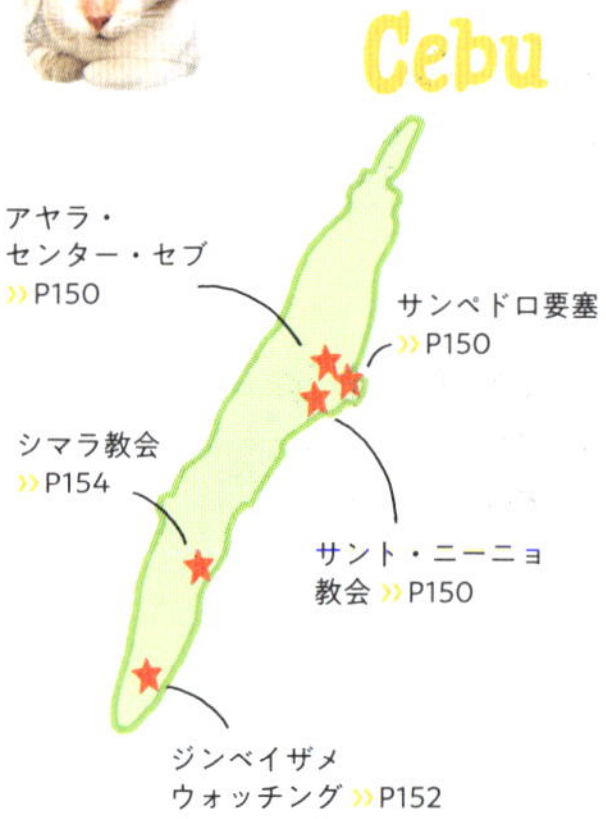

Data

約5時間

ー1時間

ペソ
（1PHP＝約2円）

タガログ語、英語

　7000以上の島からなるフィリピン。美しい魅惑的な島が多くありますが、中でもセブ島は比較的治安がよく、数々の高級ホテルやショッピングモール、マリンアクティビティ、歴史的名所など観光シーンで多彩な顔を持つリゾートアイランドです。ジープニーと呼ばれる乗り合いタクシーが走り、アジアらしい喧噪の街中、スペイン植民地時代の要塞や教会が残るセブシ

ティで、異国の歴史を肌で感じるのも一興。大規模なショッピングモールで1日買い物に精を出しても。私のいちおしは、オスロブでジンベイザメと一緒に泳ぐこと。人慣れしたジンベイザメの間近で泳ぐと、その迫力に心奪われるはず。また、シマラにある奇跡の教会もおすすめ。今なお建設中の巨大な教会建築は、フィリピンのサグラダファミリアと言われています。道中をローカルバスで旅するのも楽しい！

魅惑のセブ島を
満喫！

歴史的名所巡りと買い物で、セブシティを満喫する

セブ島の中心都市・セブシティは、1521年スペイン・ポルトガルの探検家マゼランが初めてフィリピンに入植した地。セブの領主らにキリスト教の洗礼を受けさせ、フィリピンで最初のキリスト教徒が誕生しました。そして、これまで小さな集落が点在していたフィリピンで、最初の「町」ができあがりました。その後マニラが植民地となるまでの間、セブシティはスペイン植民地の首都でした。

発展途上国のアジアを物語る雑然とした街中で、重厚感のある歴史的なサント・ニーニョ教会やサンペドロ要塞は、そこだけ歴史が止まっているかのようで、アジアにいて遠い西洋を感じます。セブ島というと、高級リゾートホテルや美しい海でのんびりと過ごす旅のイメージが強いですが、フィリピン最古の町と言われるセブシティをのんびり散策するのも魅力的。私は、サント・ニーニョ教会、マゼランの十字架、サンペドロ要塞と近距離にある歴史的遺産を巡ったあと、一気に現代に戻ってショッピングに！　タクシーに乗ってアヤラ・センター・セブまで移動し、お目当てのカゴバッグを物色しました！

フィリピン最古の教会へ行く

サント・ニーニョ教会を抜けると、マゼラン・クロスがあります。1521年、フィリピンで初めてキリスト教の洗礼をした場所に、マゼランが木製の十字架を建てたと言われ、天井のフレスコ画には洗礼の様子が描かれているそう。万病に効くと伝わる十字架は、削って薬にする人が続出したこともあるとか。十字架は思ったより大きい！

1 マゼランが建てたと言われる十字架。
2 フィリピンで最も古い教会の一つです。

戦利品！
買い物も満喫しました

サント・ニーニョ教会

🏠 Pilgrim's Center, Osmeña Blvd, Cebu City, Cebu
📞 03-255-6697
営 5：00〜19：00（日曜のみ4：00〜20：30）
休 なし

サンペドロ要塞

🏠 Pigafetta Street, Cebu City, Cebu
📞 032-256-2284
営 8：00〜19：00
休 なし

アヤラ・センター・セブ

🏠 Cebu Business Park,Cebu City
📞 032-516-3025
営 10：00〜21：00（日〜木曜）、〜22：00（金・土曜）※店舗により異なる
休 なし

大型店で、買い物を楽しむ

市内にはいくつかショッピングモールがありますが、私のおすすめは、なんでも揃うアヤラ・センター・セブ。サンペドロ要塞からタクシーで20分のところにあります。海外ブランドから地元ブランドまで幅広く、値段交渉できる雑貨屋さんも。私はカゴバッグを、交渉して安く３つも購入！

WANT TO DO

セブ島でやりたいこと

巨大ジンベイザメと一緒に泳ぐ

セブ島に来たのなら、ジンベイザメと一緒に泳ぎたい！　オスロブというセブ島南部の町では、餌付けされて人慣れしたジンベイザメが、毎日午前中だけ浜辺の方まで寄ってきて姿を見せてくれます。ボートに乗ってシュノーケリングをしながらジンベイザメを眺めることもできるし、浜辺からダイビングして、悠々と泳ぐジンベイザメを間近で見ることもできます。セブシティから行くツアーもたくさんありますが、私は格段に安く、自由が効く個人で行くのもよいと思います。

まず、早朝にホテルでタクシーを呼んでもらい、朝4時前にはセブシティのサウス・バスターミナルに着くようにします。バスターミナルでは、オスロブ行きのバスがわかりやすく停まっていて、地元の人も親切に教えてくれるので安心。ローカルバスは次々と人が乗ってくるので、必ず席を確保して乗車。乗務員が「Whale Sharkはここだよ！」と言ってくれるところで下車し、Whale Shark Watchingという看板があるお店でお願いすればすぐにアクティビティの手配をしてくれます。私がお願いした「ALOHA」はスタッフがとても親切でした。

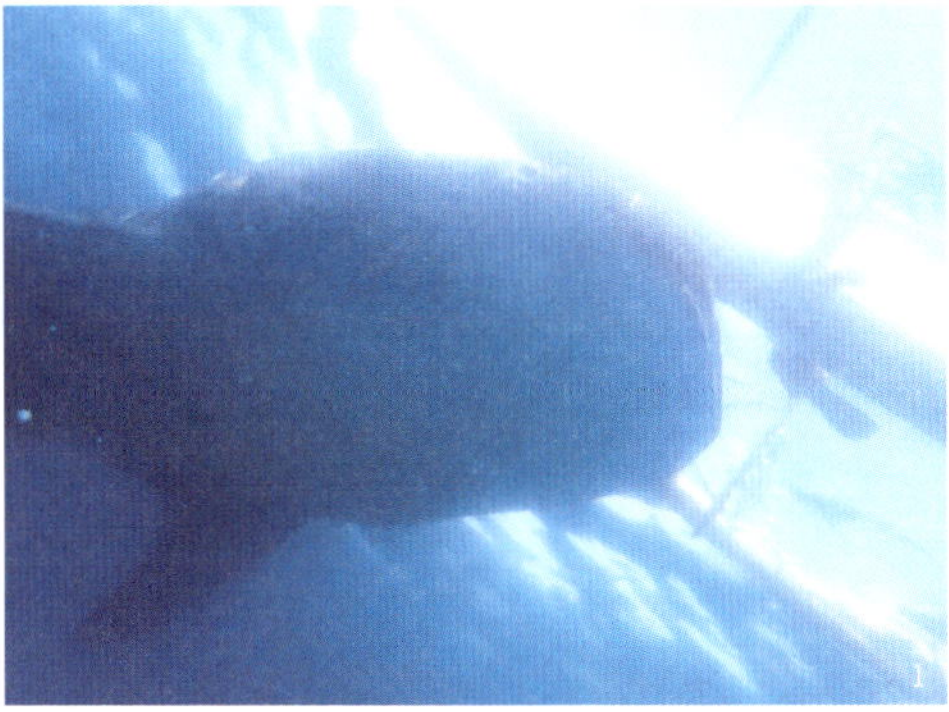

広大な海を
ジンベイザメと泳げて、
感動！

より迫力を感じられるダイビング

45分ほどのダイブで、10匹以上のジンベイザメと出会える確率が高いダイビングをALOHAのスタッフにおすすめされ、挑戦。実際、ジンベイザメが私の真上を通過したり、並行して泳いだり、まさに奇跡の体験ができました！　ダイビングはフィリピン人のガイドですが、マンツーマンでケアしてくれるので、英語や泳ぎが苦手でも安心！

※写真重視なら海面に近いシュノーケリングがおすすめ。
※ジンベイザメをより間近で見たい・待ち時間を短くしたいならダイビングがおすすめ。

ALOHA

1 ジンベイザメがすぐ横を泳ぎます。
2 海の色のグラデーションが美しい！

Cool

シュノーケリングは
順番待ち必至

fun!

ALOHA Whaleshark Watching

🏠 Natalio Bacalso,Barangay Tan-awan,Oslob Cebu
📞 09164864536
㊖ 8：00〜11：00（ジンベイザメは11時までの体験）
㊡ 4月のホーリーディ（1day）
※シュノーケリング：1000ペソ
　ダイビング：3500ペソ
※クレジットカード不可

親切で陽気なスタッフたち

陽気なALOHAのフィリピン人のスタッフたち。バスに乗ってセブシティに戻るときも、路上でバスを止めてくれたりと親切でした。ちなみに、オスロブ〜セブシティ間のバスは、エアコン付きが絶対おすすめ！　また、ALOHAではカワサンの滝やスミロン島でのシュノーケリングなど、各アクティビティも安くお願いできます。

フィリピンのサグラダファミリアと呼ばれる、奇跡の教会を見に行く

セブシティとオスロブの中間ほどにあるシマラには、巨大なシマラ教会があり、現在建設中ですが観光できます。教会とは思えない、他に類を見ない不思議な世界観の建築です。ここは、「奇跡の教会」と呼ばれていて、願いが叶うパワースポットとしてフィリピン人たちに親しまれています。もともと小さな教会でしたが、あるときセブ島に災いがあり、教会の聖母マリアの涙が流れたことから、ここで祈ると願いが叶うと信じられるようになったようです。その後、フィリピン各地で献金を募り、聖母マリアを祀る教会の増築工事が始まりました。

　どこかの国の城のような建築は、敬虔な信者たちによってつくられて、今も年々巨大化していることに驚きます。教会はまだ入れない場所が多いですが、外観を見るだけでも迫力があり感動的。教会の中では日曜になるとミサが行われ、大勢の信者でいっぱいです。また、実際に願いが叶ったという手紙や、「歩けるようになった」という人たちの松葉杖などが無数に展示されていました。フィリピンのサグラダファミリアと呼ばれるに値する、興味深い教会です！

excite

セブ島の移動には
バスが便利！

1 願いに合わせて、ろうそくを購入しても。
2 増築中のシマラ教会は迫力があります。

奇跡の教会でお祈りを

ジンベイザメウォッチングの帰り道、セブシティに向かうバスを途中のシマラで降りて、教会に立ち寄ることも可能。バスを降りたら、バイクタクシーに乗って田舎道を10分ほど走ると、教会に到着します。教会には露出した格好（ノースリーブや半ズボンも）はNG。上着持参で。

1

バイクタクシーも
活用すれば快適！

2

願いが叶うと言われる教会

茶色のろうそくは5ペソで、色つきだと35ペソ。赤なら愛、ゴールドなら健康、黄色なら平和など、色によって願いごとが異なるようです。色とりどりのろうそくに火が灯る光景は神秘的でした。せっかくなので、ここでゆっくりとお祈りして過ごすのもおすすめです。教会の中でロザリオを購入することもできます。

シマラ教会
🏠 Marian Hills, Sibonga, Cebu
📞 0938-880-8325
営 8：00～20：00
休 なし

COLUMN

旅先のおたすけアプリ

現地での移動、買い物、暇つぶしになど、旅先で使える"これだけダウンロードしておけば困らない"便利なアプリ6選を紹介します。

Google Maps

重要度 ★★★

現在地から目的地までの経路が詳細にわかって有難い。バスの系統番号や乗り場、乗車・到着時刻も教えてくれます。

MAPS.ME

重要度 ★★★

旅先エリアの地図を事前にダウンロードすれば、オフラインでもGoogle Mapsのような機能が使える優れもの。

Uber

重要度 ★★☆

Google Mapsと連動して、現地まで迎えに来てくれる自動車配車サイト。アプリ経由の支払いなので安心。

Currency

重要度 ★★★

世界中の通貨を、一発で希望の通貨に換算してくれるアプリ。為替レートも出ます。買い物に必須。

※アプリのダウンロードは国内に限定されているため、出国前にダウンロードを。

ラジオクラウド

重要度 ★☆☆

座席にモニターのないLCC、バスや列車の移動中の暇つぶしに。事前にダウンロードしたラジオ番組が聴けます。

Netflix

重要度 ★☆☆

ラジオと同じく、移動や待ち時間の合間や夜の宿で、ダウンロードした番組や映画を鑑賞できます。

有休や長期休暇で行く海外

4&5

DAYS

4 DAYS

City / Country

イスタンブール／トルコ

IST

悠久な歴史に
ロマンを感じる、
オスマン帝国の街

Istanbul

Data

約12時間

－7時間
（夏－6時間）

トルコリラ
（1TRY＝約18円）

トルコ語

アジアの西、ヨーロッパの東に位置するトルコのイスタンブールは、かつてはローマ帝国の都コンスタンチノープルで、１４５３年にオスマントルコ帝国の都イスタンブールとなりました。どの建物も歴史があり、重厚で壮麗なモスクや宮殿は、世界屈指の美しい建築だと言われています。イスラムのタイルを用いた建物の装飾は、外観も内観も、ため息がこぼれるほどの麗し

さ。世界で一番美しいブルー・モスクが街のシンボルであり、ほかにも無数のモスクが点在しています。1日5回のイスラム教徒のお祈りの時間には、アザーンが街中で響き渡り、思わず鳥肌が立ちます。トルコは料理も美味しく、どの店もアタリが多いですが、私はサバサンドが大好物。ボスポラス海峡のクルージングを終え、サバサンドをもぐもぐほお張りながら、街の散策をするのが楽しい！

WANT TO GO

イスタンブールで行きたいとこ

世界一美しいブルーモスクで、イスラム教徒と一緒にお祈りをする

イスタンブールを旅するならば、真っ先に「ブルーモスクへ!」と名前が挙がるほど、イスラム教徒だけではなく世界中の観光客が集まる人気観光スポットです。正式名称はスルタンアフメット・ジャミィですが、内部の壁は数万枚という青色のイズニックタイルで装飾され、青いステンドグラスから溢れる青色の光が印象的なことから「ブルーモスク」と呼ばれています。柱や外壁も、どことなく青みがかっています。オスマン帝国の第14代スルタン・アフメト1世の命で、約7年の歳月をかけて、1616年に竣工しました。

ドーム型の美しい天井が連なり、世界で唯一の6本のミナレットが空高くそびえ、来る人にそこはかとない畏敬の念を抱かせます。祈りの時間が近づくと、多くのイスラム教徒が礼拝に訪れ、赤い絨毯にぞろぞろとやってきて座ります。きっと、世界中のイスラム教徒にとって、ブルーモスクに来ることは夢の一つなのだろうと思います。ただの旅人でさえ、夢のように美しい世界に陶然となってしまいます。私も礼拝が始まるまで、イスラム教徒たちに混ざって座りました。

beautiful

1 青いタイルとステンドグラスがとても綺麗。
2 赤い絨毯の上に座るイスラム教徒たち。

2

息をのむ美しさの内部を見学

礼拝時間は中に入場できないので、要注意。女性が中に入るときは、必ず布を頭に巻かなくてはいけません。入り口で布の貸し出しがあり、ストールを持っていれば、それでも問題ありません。ブルーモスクは入場無料なのも嬉しい。赤い絨毯と青みがかった内部の壁や装飾のコントラストに惚れ惚れ。

Cool

神秘的な雰囲気の地下宮殿へ足を運ぶ

ブルーモスクのすぐ近くに、地下宮殿と呼ばれる地下に造られた貯水池があり、是非立ち寄ってほしいところです。内部は照明効果もあり、神秘的。ちょっと怖いくらいかも？　宮殿の一番奥にはメドゥーサの頭が柱の下にごろりと横たわっています。水面には魚も泳ぎ、不思議な世界観。まるでRPGの世界にいる気分です！

＼薄暗い貯水池にて、魚を発見！／

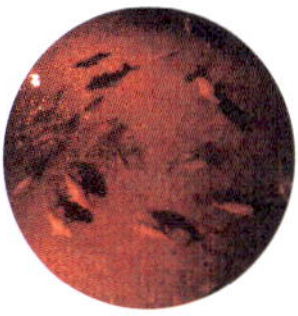

スルタンアフメット・ジャミィ

🏠 Sultan Ahmet Mahallesi, Atmeydanı Cd. No:7, Fatih/İstanbul
📞 0545-577-1899
営 8：30～18：30（金曜は14：30～）※礼拝の時間を除く
休 なし

地下宮殿（Basilica Cistern）

🏠 Alemdar Mh., Yerebatan Cd. 1/3, Fatih/İstanbul
営 9：00～18：30
※クレジットカード不可

WANT TO DO
イスタンブールでやりたいこと

歴史的な名所、ボスポラス海峡をクルージングする

イスタンブールは世界で唯一、アジアとヨーロッパにまたがる街です。その間には、マルマラ海と黒海を結ぶボスポラス海峡があり、クルージングできます。路面電車のエミノニュ駅を金角湾に向かって左に進み、ガラタ橋を通過した広場の地下道を抜けた左側に、船乗り場があります。「ボスポラス！」とアナウンスをしているのですぐにわかります。コースは、ガラタ橋から第二ボスポラス大橋まで行って、エミノニュ桟橋まで戻ってくるショートクルーズ（1・5時間）と、黒海入り口の街アナドル・カヴァウまで行って戻ってくるロングクルーズ（4時間〜5時間程度）の2つから選択。

私は、ショートクルーズにしました。船から、旧市街の小高い丘の上にスレイマニエ・モスクが見えます。その周囲にぽこぽこ見えるモスク群は夢幻的な光景。新市街のガラタ塔、オスマン帝国が東ローマ帝国を侵攻した際につくった城塞ルメリ・ヒサル、オスマン帝国の王宮だったヨーロッパ様式とオスマン様式を折衷した壮麗なドルマバフチェ宮殿。歴史的建造物が物語る、悠久なる時間の営みに感動を覚えます。

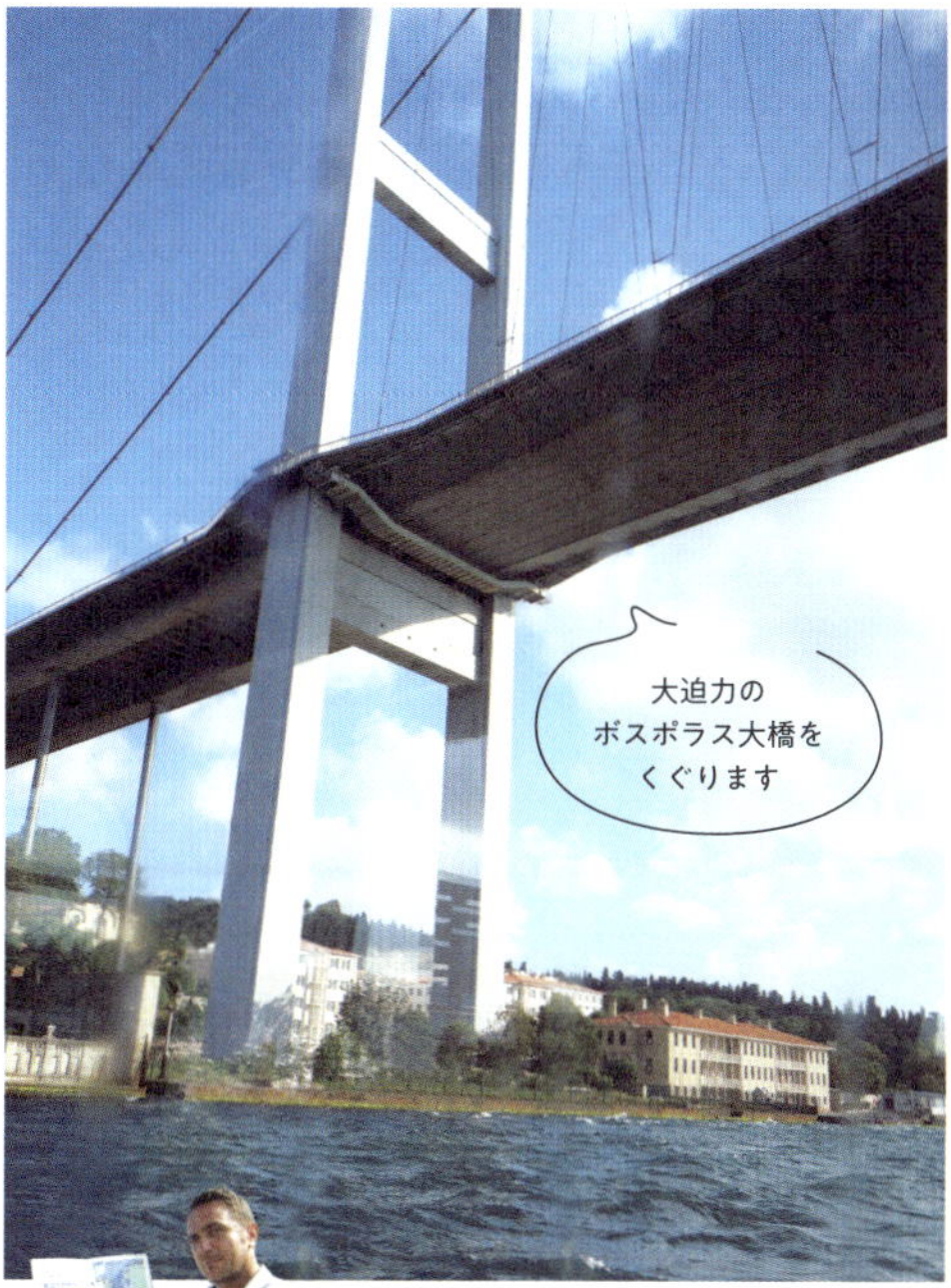

船から
イスタンブールの
街並みを望む

海峡側からの街並は必見ですが、ボスポラス大橋の下をくぐるときはなかなかの迫力。船はとてもゆっくりと進みます。1時間半かかるショートクルーズ（15リラ）でも充分街を見学できます。乗船時間は、夏は特に日中暑いので、夕暮れどきに乗船すると涼しく、街並みの雰囲気も幻想的になりおすすめです。

名物のサバサンドを
頬張る！

ゆったりとした
時間を過ごせます

クルージングに来たら
食べたい名物グルメ

クルージング船が発着するガラタ橋の旧市街側、広場から地下道を出た左側に、サバを焼いてパンに挟んで売っているバルック・エキメック（サバパン）の屋台がいくつかあります。実はここは屋台ではなく、小舟の中でつくっているのです。近づくと、いい香り！観光名物の一つなので、クルージングの後に食べたいです！

ボスポラス海峡クルージング
(TORYOL BOUPHORUS TOUR)

🏠 HATİP MUSLAHATTİN MH. SULTANSELİ M CD. NO:6/3 Fatih/İstanbul
📞 902122514421
㊔ 6：00〜22：00
㊡ なし
※クレジットカード不可

4 DAYS

City / Country

バルセロナ／スペイン

BCN

スペイン屈指の美しい芸術と建築に出会える港街

情熱の街、バルセロナを満喫！

Barcelona

Data

直行便なし
約15時間

－8時間
（夏－7時間）

ユーロ
（1EUR＝約130円）

スペイン語

世界中に多大な影響を与えた芸術家ピカソやダリ、ミロ、建築家ガウディなどの作品に出会えるバルセロナ。彼らの作品には、スペインの明るい太陽と、ラテン的な人らかさが根付いた国民性だからこその、底抜けに明るく開放的な印象を共通して感じます。迷路のような旧市街や、高級ブティックや可愛らしいバルセロナ発のブティックが軒を連ね、観光客が多く行交うラン

ブラス通りやグラシア通りを散策すると、幾度となくアートスポットに出くわします。ガウディの建築は異彩を放ちながらも、街に溶け込んでいます。絵画は日本にも展示されますが、建築は現地でしか鑑賞できません。観光の合間には、あちこちにあるバルで美味しいスペイン料理のタパスを食べまわるのも幸せ。バルセロナでは、ガウディの建築とタパス料理をとことん楽しむことをおすすめします！

美味しいスペイン料理で幸せに

スペインの巨匠建築家ガウディの建築を巡る

私は旅しながら建築を巡るのも好きで、ロマネスクやゴシック、ルネッサンス、バロック、アールヌーボー様式などの建築や近代建築を通して、その土地の時代性や歴史的な国同士のつながりを感じるのが秘かに楽しみなのです。これまで、最も感動したのが、バルセロナでアントニオ・ガウディの建築を観たとき。まるで、建物が生きているかのような有機体的フォルムや、血が通っているようなぬくもり感、キッチュな装飾、子どもが描いた絵を体現したかのような家具、オブジェ。歴史を重んじる西洋で、１００年以上も前にこの建築が誕生したと思うと、過去に固執しない自由を覚えました。現在も建設中の教会サグラダファミリアは、バルセロナ一の人気スポット。未だに地元の人が暮らしているアパートのカサ・ミラ、市民の憩いの場所でもあるグエル公園など、バルセロナにはガウディの建築がいくつもあります。一つひとつ巡るには、一度の旅では難しいですが、私は「今回はここ」と決めて、バルセロナに来る理由をつくって楽しんでいます。また、見学の際は事前にオンライン予約をしていくと、並ばずに入れます！

ガウディが生涯をかけた代表作

訪れるたびに、どんどん巨大に成長している教会、サグラダファミリア。受難の塔と生誕の塔があり、どちらかに上っての見学は欠かせません。美しいバルセロナの碁盤目状の街並みを一望できます。教会のステンドグラスからこぼれ落ちる美しい光の世界は必見。とても混むので、必ずオンライン予約を。

1 今もなお建設中のサグラダファミリア。
2 教会内も感動の美しさなので、見学必須。

名物オブジェ

fun!

3 水中にいるような錯覚に陥るデザイン。
4 外壁には、色とりどりのタイルで装飾が。

細部までこだわり抜かれた作品の数々

ガウディ建築は、ある種のアトラクションのように冒険心を掻き立てられます。写真を撮るのも楽しい。カサ・バトリョは、曲線的デザインと素敵なタイルの装飾が印象的です。海の中をイメージしたデザインとも言われています。彼を支えた建築家ジュジョールが手がけた、外観の装飾も必見です！

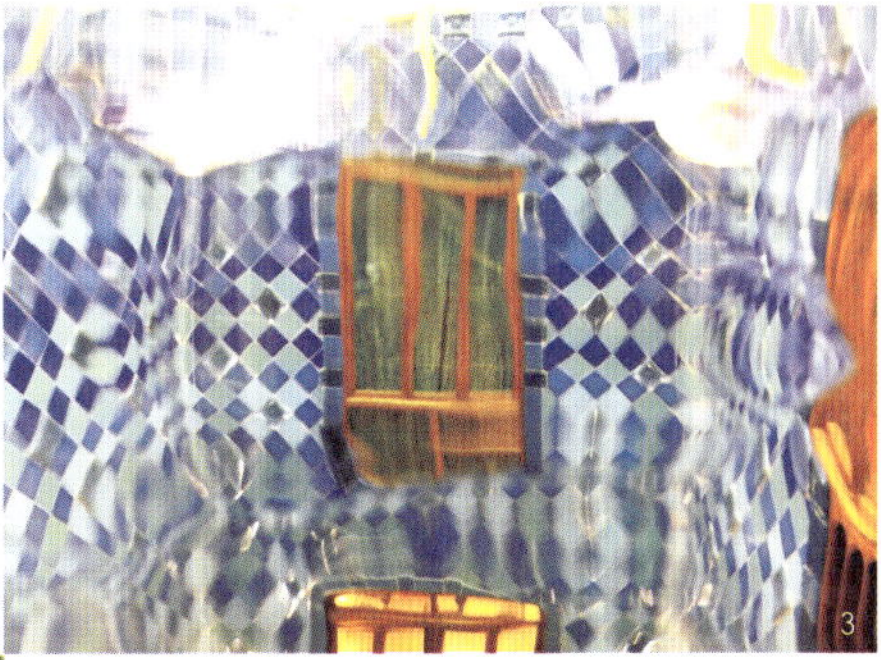

great

サグラダファミリア

Carrer de Mallorca, 401, Barcelona
932-080-414
営 9：00〜18：00（11〜2月）、9：00〜17：00（3月）、9：00〜20：00（4〜9月）、9：00〜19：00（10月）、9：00〜14：00（12/25、12/26、1/1、1/6）
休 なし

カサ・バトリョ

Passeig De Gracia 43, Barcelona
93-2160306
営 9：00〜21：00　※入場は20時まで。
休 なし
※公式行事やセレモニー時は見学不可

※事前のオンライン予約は、各サイトを要確認

WANT TO EAT

バルセロナで食べたいもの

1人でもふらっと入りやすい旅の味方、バルで美味しいタパス料理を食べる

スペインは美食の国！　たとえば西洋で、10ユーロでどれだけ美味しいものを食べられるか比較すると、圧倒的にスペインは安くて、美味しい。それでいて1人でふらっと入っても嫌な顔をされない、とてもおすすめしたいグルメな国です。タパス料理は、一皿にちょこっと料理をのせて出てくるスタイル。スライスしたパンの上に小料理がちょっとのったピンチョスも、定番のタパス料理です。バルによって盛りつけや味が変わるので、自分好みのバルを発掘するのも楽しい。一皿食べて店を出ても、問題ありません。地元の人たちも朝から1人で来てタパスとコーヒーを注文し、新聞を読んで帰っていきます。観光客向けのバルもいいですが、夜に裏路地にあるバルに入って、地元の人と一緒にテレビでサッカー観戦しながら食べるのも楽しい。英語があまり通じないバルも多いので、翻訳アプリを使って料理を調べたり、店員に見せるとスムーズ。バルで必ず食べてほしいのが、スライスした生ハム。日本で食べる以上に感動する本場の味！　安くて、ボリュームがあります。私はよく、朝ご飯に生ハム入りのパンとコーヒーを注文します。

地元の人と一緒に、バルを満喫

バルセロナには数え切れないほどのバルがあります。私が特に好きなお店は、「el《エル》 vaso《バソ》 de《デ》 oro《オロ》」というバル。バルセロネータ地区という海側の場所にある人気店です。カウンターで食べますが、店員さんとの距離が近く、隣のお客さんとも肩を寄せ合う感じが地元感あって楽しい。まずは「セルベッサ！」と言って、ビールの注文を！

yummy!

excite

店員さんも陽気で、
楽しい気分に

1 フォアグラとステーキがビールによく合う。
2 目の前で焼かれる肉に、食欲をそそられる。

wow!

現地の生ハムを
一度食べてみて！

口の中でとろける、贅沢な肉料理

このバルの一番人気、フォアグラがのったヒレ肉のステーキ“solomillo al foie”もおすすめ！　フォアグラが贅沢に使われていて、肉も柔らかくて絶品です。地元の人たちも大好きな料理だそうです。お店は常に混んでいますが、来る価値あり！　これだけ食べて、次の店に行くのも問題なし。ビールとも合います！

el《エル》 vaso《バソ》 de《デ》 oro《オロ》

Calle de Balboa,6,
933-19-30-98
営 9：00〜24：00
休 9月の第一日曜

4 DAYS

City / Country

アムステルダム／オランダ

AMS

光と水を感じるスタイリッシュな運河の街

運河が有名

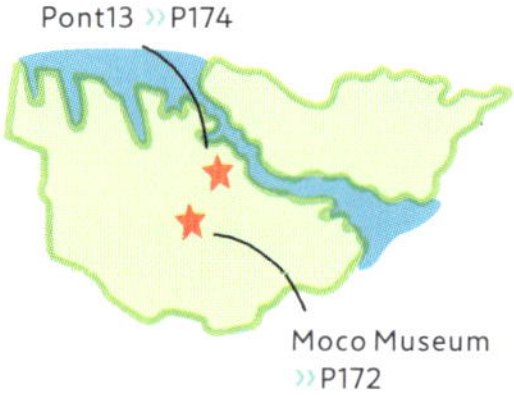

Amsterdam

Data

約11時間

－8時間（夏－7時間）

ユーロ（1EUR＝約129円）

オランダ語

水と光の街、アムステルダム。街の中を縦横無尽に運河が通り、水上をすべるように行き交うクルーザーは、市民の交通手段でもあり、観光の目玉でもあります。運河沿いにぴたっと並ぶ箱形の家々は、落ち着いたトーンのカラフルな色をしていて、とてもおしゃれ。季節的に、アムステルダムは夏頃が最も華やぎ、運河沿いを歩くのに気持ちよくておすすめです。もちろん、

年間を通しても、アムステルダムはとても観光名所が多く、見所満載。特に美術館や博物館などは、市内に60以上もあります。言わずと知れたオランダ生まれの画家ゴッホの美術館や、17世紀の光の魔術師と讃えられる画家フェルメールやレンブラントなどの絵画を収蔵しているアムステルダム国立博物館、『アンネの日記』で知られるアンネ・フランクの家など、観に行きたい施設がたくさん！

運河をクルーズ
するのも楽しい

世界のウォールアーティストである
バンクシーの作品を観る

アムステルダムで絶対に観に行きたい美術館というと、まずはゴッホ美術館とアムステルダム国立美術館を挙げますが、もう一つ観に行くとしたら、私がおすすめしたいのはその二つの美術館のちょうど間にある、２０１６年にオープンしたばかりの〝Moco Museum〟です。今や世界的に名を馳せている、グラフィックアーティストのバンクシーのアートをたくさん展示している、アムステルダムのライオネル夫妻が始めた私立美術館です。イギリス出身のバンクシーは、反資本主義や反権力などをテーマにした社会風刺的なストリートアートやグラフィックアートを、その土地の許可を取らずにゲリラ的に描きあげている覆面芸術家です。自作を世界各国の有名美術館に勝手に展示し、しばらく誰にも気づかれずに展示されていたことが、世界的に話題となりました。また、イスラエルとパレスチナの分離壁に描いた絵は、戦争の浅はかさを訴えるもので、瞬く間に世界中の人の心を動かしました。Moco Museumは、バンクシーの手がけた本物のアートが多数集まっている美術館としては世界随一で、アート好きなら必見です！

ここでしか見られない作品が結集

階段のステンドグラスに組み込まれた、「Forgive us for our trespassing」はソルトレイクで見つかったもの。バンクシーは世界各地にストリートアートを残しているため、現地に赴かなければ作品を見ることができませんが、ここはバンクシーが手がけた美術館のような世界観です。主な展示はインドアアートがメインですが、そちらも素晴らしいです。

beautiful

hot

可愛い
アートグッズを
チェック！

企画展など、見所も満載

外観も内観も素敵なMoco Museum。外のトラックにも、戦争をテーマに描いた作品が展示されています。地下では企画展を開催しており、ウォーホルやダリなど、バンクシー以外の作品も期間中なら観ることができます。ショップではバンクシーのアートグッズが買えるので、お土産に最適。私はマグカップを購入しました！

Moco Museum

🏠 Honthorststraat 20
1071 DE Amsterdam
📞 0203701997
営 9:00～19:00（7～11月3日　金・土曜は7月が～21:00、8～11月3日が～20:00）、10:00～18:00（11～6月　金・土曜は3～6月が～19:00）
※祝日は時間が異なる
休 なし
※クレジットカード不可

WANT TO GO
アムステルダムで行きたいとこ

アムステルダムならではのボートレストランに行く

オランダには、モダンでおしゃれなカフェやレストランがたくさんあります。どこも、オランダ料理というよりは、それぞれの店が創作した洋風料理です。せっかくならば美味しいところに行きたいけれど、雰囲気もオランダを感じられるところがいい！　という人におすすめなのが、Pont13というボートレストランです。アムステルダムのシンボルで、街の中心にある中央駅の北西側、アンネ・フランクの家があるヨルダーン地区の北側の外れに、ハウトハーヴェンスという地区があります。新たな建造物が建設されている一帯でもありますが、現在は観光客の少ない閑静なエリアです。その一角に、海に挟まれた一本道ハバランダダムという通りがあり、その海沿いに停泊しているようなボートが、レストランのPont13です。中は船内そのものを改修しているので、ボートカルチャーが根付いているオランダらしい一面を覗きみるようです。洗練されたデザインの内装は、とてもロマンチックでうっとり。実際に結婚式などイベント会場としても使用されているとか。地元で活躍するクリエーターたちがおすすめしたい場所の一つでもあるそうです！

居心地のよいボートレストラン

Pont13は、1927年に蒸気船として造船されたそうです。1956年に、電気フェリーに変わり、車やバイク、人などをのせていたそうですが、やがて解体する話になりました。その数年後、Pont13をレストランにすることが決まり、今の姿に生まれ変わりました。以前の機械室は多機能会議室になっています。海辺に停泊するPont13は、居心地最高です。

1

1 コースのメイン料理は、赤身肉が美味しい。
2 目でも楽しませてくれる料理でした。

ボート上での食事は雰囲気も最高！

2

船上で贅沢なコース料理を楽しむ

私はディナーをコースで注文しました。前菜のサラダと、メイン料理の赤ワインソースが美味しい牛肉のロースト。デザートのフルーツ盛りだくさんのアイスクリームは盛りつけ方もおしゃれ。夕暮れどき、空と海の色が一刻と変わっていく景色を眺めながらいただくディナーは、とても美味しくロマンチックでした。

Pont13

Haparandadam 50 1013 AK Amsterdam
020-770-27-22
営 12：00〜翌1：00
休 月曜
※クレジットカード可

4 DAYS

City / Country

ウィーン／オーストリア

VIE

過去と現代の歴史的な芸術を堪能する街

芸術の都、ウィーンへ！

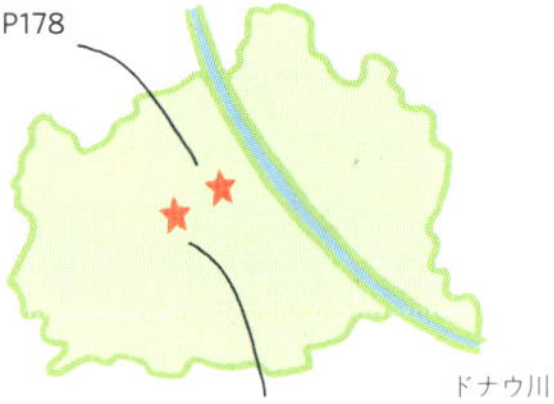

Vienna

ウィーンは、ヨーロッパ有数の芸術都市として知られ、「接吻」で有名な画家のクリムトや、音楽家のモーツァルトやベートーベン、近代建築の父と讃えられる建築家オットー・ワーグナーなど、名をあげれば切りがないほど、芸術界において名立たる人たちが活動してきた地です。第一次世界大戦前までは、オーストリア＝ハンガリー帝国の首都で、ハプスブルク帝国の一部

Data

約12時間

−8時間
（夏−7時間）

ユーロ
（1EUR＝約129円）

ドイツ語

でした。その頃の栄華を伝える数々の美しい建造物に、市内を歩き回るだけでもうっとり。ウィーンは、絵画を中心に観たいところが満載なので、時短にもなるおすすめが、フランスの建築家ジャン・ヌーベルが手がけたホテルに泊まること。また、ハプスブルク家の王宮にある世界一美しいと称されるオーストリア国立図書館も必見です。その美しい内観に、しばし時間が経つのを忘れてしまいます。

ザッハトルテも、ウィーン発祥！

芸術都市で異彩を放つ有名近代建築ホテルに泊まる

中世の面影を残すウィーンの街中で、高層の近代建築ホテル「ソフィテル・ウィーン・シュテファンスドーム」が異彩を放っています。フランスの近代建築の巨匠ジャン・ヌーベルが設計した、高さ75mもある総ガラス張りのホテルは、ドナウ運河を挟んで、歴史あるシュテファン大聖堂と対峙して建てられています。部屋は白、黒、グレーのいずれか一色を基調にしたモノトーンに統一され、家具や収納、ベッド、バスルームなどはミニマルな造形に徹底したこだわりをみせて、とてもかっこいい。間取りはベッドルームとバスルームがセパレートされているものの、一体化して見えて色気があります。客室からは、シュテファン大聖堂を中心としたウィーン市街が一望でき、天空を飛ぶ鳥になったような気分！　中世の人々が決して見ることのなかった光景でしょう。

ウィーンの歴史ある美術館や建築巡りをする拠点に、私も憧れのジャン・ヌーベルのホテルに滞在することにしました。観光から戻っても、朝起きても、ドキドキが止まりません。ウィーンでは余すところなく芸術を堪能する滞在をしたいです！

Cool

ホテルでも芸術を満喫する

ミニマルな部屋はモノトーンを基調に、ガラス、鏡、照明の使い方がとても素敵で、撮影スタジオのよう。ベッドもこだわり抜かれ、寝心地は最高です。感動したのは、4種類ある枕の中から自分好みのものを選べること。枕メニューが置いてあり、そこから選びます。ぐっすり眠れて、旅の疲れも吹っ飛びます！

great

ウィーンの街を
眺めながら食事を！

ホテルで最高の食事をいただく

朝食をとる最上階のパノラマレストラン「le loft」は、ガラス窓から朝日が入ってきて、とても気持ちがいい！　天井のアートは、スイス人アーティストのピピロッティ・リストによる作品。エントランスロビーと5階のアトリウムにもあります。夜はライトアップされて幻想的なムードに。ホテルの食事は文句なしの美味しさでした。

ソフィテル・ウィーン・
シュテファンスドーム

Praterstrasse 1, Wien
01-906160

世界一美しい図書館へ行く

近年、世界中で、歴史的な建物を美しい図書館にリニューアルしたり、新築のブックカフェなどが増えたりしている印象がありますが、〝昔から使われていた美しいバロック様式の図書館〟は、ウィーンのオーストリア国立図書館が群を抜いていると思います。18世紀に、ハプスブルク家の皇帝が居城していたホーフブルク王宮の一角に設けられた宮廷図書館で、書棚が天井に届く勢いで設計されています。蔵書は約20万冊あり、宗教改革者マルティン・ルターの蔵書やオスマントルコ戦争で活躍した軍人プリンツ・オイゲンの蔵書も膨大に保管してある、とても歴史のある所です。建築はバロック様式の豪華絢爛なつくりで、プルンクザールという大ホールには、高さ20m以上あるドーム型の天井に描かれたフレスコ画があって、必見。宮廷画家のダニエル・グランによる、ハプスブルク家の歴代の皇帝の偉業を描いたものですが、じっと観察していると描かれた人物が浮き上がって見えるような、騙し絵とも3Dとも言える技巧が使われ興味深いです。ホーフブルク王宮よりも人が少なく、ゆっくりと鑑賞できる穴場です。

Check

思わずため息が出る圧巻の天井画

天井のフレスコ画は遠近法を用いて計算され、ある角度から見上げると、バルコニーや人が立体的に見えます。当時これほどの技術があったことに驚きます。金色の豪華な装飾が、壁や柱を華やかに仕立て、バロック様式の内装に心奪われます。建築好きには、ハプスブルク家の宮廷図書館は必見です。

1 細かく立体的に描かれていて、感動。
2 さすが国立図書館、蔵書数も多いです。

beautiful

天井まで伸びる書棚と長いはしごに心躍る

書棚にあわせた長いはしごが素敵。ショーケースに展示されている古い書物や、昔のカラフルな楽譜なども印象的です。プルンクザール中央には、イタリア人の天文学者コロネリの天体儀や18世紀に図書館の建設を命じたマリア・テレジアの父カール6世の雄姿が彫刻で置かれています。館内はフラッシュ禁止ですが、撮影可能なのも嬉しいです。

映画でしか
見たことのないような
世界観です

オーストリア国立図書館（プルンクザール）

🏠 Josefsplatz 1, 1015 Wien
📞 01-53410394
営 10：00～18：00（木曜は～21：00）
休 10～5月の月曜
※クレジットカード可

City / Country

メキシコシティ／メキシコ

MEX

Data

約13時間

−15時間（夏−14時間）

メキシコペソ（1MXN＝約5.7円）

スペイン語

波瀾万丈の壮大な歴史を辿ってきた、心打たれるカラフルな街

色彩豊かなメキシコ旅

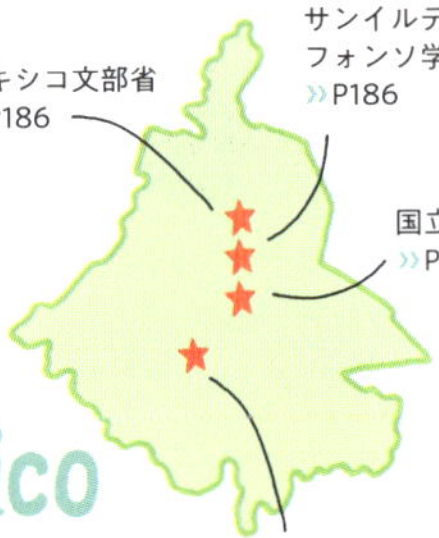

中米の大国メキシコは、スペイン植民地時代の影響で、先住民インディヘナとスペイン人との混血であるメスティーソが多く、みんなスペイン語を話し異国感たっぷりです。街は、スペインコロニアル時代に建設された、重厚で立派な西欧スタイルの建造物が建ち並び、メキシコの明るい色彩が印象的。美味しいタコスを食べ歩きながら、街を散策するのも楽しいです。私のお

ラテンの陽気な
雰囲気が漂う、
明るい街

すすめは、メキシコで最も有名な女流画家フリーダ・カーロの生家に行って、彼女の絵画や、心ときめくメキシコらしいインテリアや家具などを鑑賞すること。愛と芸術に生きたフリーダの生前の暮らしを観ようと、世界中のファンが来館します。また、フリーダの夫だった、メキシコ壁画運動の中心人物であり画家のディエゴ・リベラが残した、圧巻の壁画を巡るのも魅力的です！

有名芸術家の
作品を巡る！

愛と芸術に生きた、情熱の画家フリーダ・カーロの生家を訪れる

フリーダ・カーロの絵は、痛々しく過激な印象を受けます。フリーダは、幼少期の病気で足が不自由となり、17歳のときの交通事故で鉄棒が子宮を貫通し、体中の多くの骨が砕けました。その後遺症による激痛と常に戦いながら、絵を描き続け、メキシコを代表する女流画家となりました。一方で、歴史上の名だたる偉人らとの奔放な恋愛や、壁画家のディエゴ・リベラとの二度の結婚、数度の流産など、47歳で亡くなるまでの人生は波瀾万丈。メキシコシティ南部のコヨアカン地区に、現在フリーダ・カーロ博物館となっている青色の生家があります。入り口付近には、ずらっと入館待ちの行列ができています。ようやく間近で観た絵は、自画像のほか、彼女の人生そのものが投影された痛みや孤独を表現する絵が多く、心がしびれました。アトリエや寝室、キッチンも、メキシコらしいオブジェやカラーでとてもフォトジェニック。中庭にはカラフルなピラミッドがあります。フリーダとディエゴは、この家に1929年から1954年の間一緒に暮らしていたそうです。フリーダが亡くなったのも、この家。

フリーダの作品から伝わる熱いメッセージ

フリーダ最期の作品「VIVA LA VIDA（人生よ、万歳！）」。想像を絶する心身の苦痛の多い人生を駆け抜け、死を前にしてこのフレーズを何気ないスイカに添えたフリーダの、人生に対する諦観と幸福感が伝わってきて、思わず涙が……。生きることは大変ですが、「VIVA LA VIDA！」と言って、頑張ろうという気持ちになります！

フリーダ作品が生まれたアトリエ

自然光が入る明るい印象のアトリエ。足が不自由だったフリーダは、車椅子で絵を描いていました。自画像を描くときの鏡が昔のまま置いてあります。フリーダは体に重い障害を持っていましたが、いつも民族衣装のようなヘアスタイルやファッションにこだわりました。衣装の下には、体を守るコルセットを装着していたそうです。

情熱的だった、フリーダの自画像

「フリーダとディエゴはこの家に一緒に住んでいた」と書かれている

フリーダ・カーロ博物館

🏠 Londres 247, Del Carmen, Coyoacán, Ciudad de México
📞 55-5554-5999
営 10：00〜17：30
休 月曜
※クレジットカード可

WANT TO GO

メキシコシティで行きたいとこ

メキシコの歴史を感じる壁画を巡る

メキシコには、フリーダ・カーロの夫であった壁画家のディエゴ・リベラを含め、ホセ・クレメンテ・オロスコとダビッド・アルファロ・シケイロスの三大巨匠と呼ばれる壁画家がいました。その作品の数々は、「メキシコ壁画運動」と呼ばれる占領、独立、革命の歴史を辿ったメキシコにおいて、壁画を描くことで文字を読めない市民にも革命の意義やメキシコ人としてのアイデンティティを伝えるために描かれたものです。西洋的な絵画のイメージを覆し、圧巻で壮大な壁画から、芸術が人に与える影響力の強さに鳥肌が立ちます。スペイン占領下の姿を描いた残虐で過激な絵は、生々しく、後世にメキシコの歴史を伝えていく大切な媒体にもなっています。メキシコシティで必ず訪れたい壁画は、3カ所。国立宮殿にある階段の踊り場から2階へと続くディエゴ・リベラの「メキシコの歴史」、メキシコ文部省にある赤色と力強いタッチが印象的なシケイロスの「貴族と売国奴たち」、そしてサンイルデフォンソ学院にあるオロスコの「コルテスとマリンチェ」。メキシコシティに来なければ決して見られない、必見ものです！

メキシコ壁画運動発祥の地で鑑賞

シケイロスの壁画があるメキシコ文部省の近くに、メキシコ壁画運動発祥の地とされるサンイルデフォンソ学院があり、オロスコの「コルテスとマリンチェ」を鑑賞できます。メキシコに来たスペイン人コルテスと、先住民との通訳をしていたマリンチェとの間に子どもが生まれ、それが混血メスティーソの始まりだと言われています。

印象的な壁画が
数多くあるニャ

1 階段の壁に描かれた「メキシコの歴史」。
2 メキシコ文部省内にはリベラの作品も。

2階へ続く壁に描かれた大迫力の作品

世界遺産のセントロ地区ソカロにある国立宮殿に、1929年から1951年の間に描かれたディエゴ・リベラの大作があります。メキシコ人のルーツや伝統、アイデンティティを今一度打ち出し、メキシコ人の結束を促そうとしたコンセプチュアルな芸術作品です。2階へ続く壁にも壁画が描かれ、壮大なスケールとなっています！

メキシコ文部省

住 Luis Gonzalez Obregon, Centro, Cuauhtémoc, Mexico City
電 55-5328-1067
営 9：00〜17：00
休 土曜、日曜

サンイルデフォンソ学院

住 Justo Sierra 16, Centro Histórico, Centro, Ciudad de México
電 55-3602-0035
営 10：00〜18：00（火曜は〜20：00）
休 月曜
※クレジットカード不可

国立宮殿

住 Plaza de la Constitución S/N, Centro, Cuauhtémoc, Ciudad de México
電 55-3688-1255
営 9：00〜17：00
休 月曜
※パスポートの提示が必須

アンダルシア地方の絶壁の上に立つ白い街

5 DAYS

City / Country

ロンダ

RND／スペイン

Ronda

Data

直行便なし

17時間半

−8時間（夏−7時間）

ユーロ（1EUR＝約129円）

スペイン語

標高750mの断崖絶壁の上に立つ、まるで天空に浮かぶような真っ白の家並みが魅力のロンダ。スペイン南部のアンダルシア地方にあり、マラガという街から列車RENFE《レンフェ》に乗って1時間半ほどで到着します。旧市街と新市街をつなぐヌエボ橋は街のシンボルで、スペインを代表する美しい景観の一つ。アフリカが近い南部のアンダルシア地方は、イスラム支配下におかれた時

代の影響を残し、どことなくイスラムの雰囲気が漂う石畳の白い街並みは、同じスペインでもバルセロナやマドリッドとは違う装いです。ロンダでは、まずヌエボ橋から雄大な平野や絶壁を眺めること、また橋の下側の散策路から勇壮なるヌエボ橋を眺めること、ひたすら美しい街中を歩くこと、そしてスペイン最古の闘牛場を訪れること。とにかく、街そのものがまるっとおすすめです！

絶壁の街で
スペインの歴史を
体感！

WANT TO GO

ロンダで行きたいとこ

絶壁の上に立つ街の架け橋、18世紀のヌエボ橋を渡る

西欧には石造りの歴史的な橋がいろいろありますが、ロンダのヌエボ橋は「18世紀にこんな橋ができたとは！」と心奪われる絶景と、美しい造形に感動します。スペイン語で「新しい橋」という意味で、旧市街と新市街をつなぐために造られました。橋の約100m真下には、エルタホ渓谷を流れるグアダレビン川が流れ、豊かな自然の清涼感に癒されます。旧市街のモンドラゴン広場手前に、渓谷を降りて行くトレッキング道があり、下へ20分ほど降りていくと、圧巻のヌエボ橋を仰ぎ見ることができ、切り立った断崖の岩肌が間近にせまって迫力満点！

私のおすすめは、大勢の観光客が押し寄せるヌエボ橋を、トレッキング道からの眺めとは真逆の方角から一望できるホテルに宿泊すること。素泊まり宿ですが、私が泊まったCasa《カーサ》 Duende《デュエンデ》 del《デル》 Tajo《タホ》の広い共有テラスからは、威風堂々たるヌエボ橋が望めます。大勢の観光客に観られているような不思議な気持ちになりながら、宿泊者だけが観られる贅沢な風景に、特別感もひとしお。新市街で生ハムやビールを買ってきて、テラスで食べながら夕暮れどきを過ごすのは最高です！

1 オレンジにライトアップされたヌエボ橋。
2 渓谷の下から見上げる圧巻の岩肌。

美しい橋を眺めながら非日常を感じる

ヌエボ橋が最も幻想的で美しいと感じるのは、日が落ちたあと。じんわりとオレンジ色の光にライトアップされて、まるで魔法の国のよう。異国情緒を越える非日常感に満たされます。橋を渡って旧市街の方では、昼と夜にel《エル》 quinque《クイーンクエ》というレストランでフラメンコショーがあり、夕暮れの前後に鑑賞するのもおすすめです。

意外と広いヌエボ橋で写真を

ヌエボ橋は歩いてみると意外と広く感じます。車も行き交っているほど。この橋でつながった新市街と旧市街は雰囲気が少し異なります。まずはヌエボ橋を起点に旧市街をぐるっと歩いてから、闘牛場のある新市街へというコースがおすすめ。車がこない瞬間に、橋の真ん中で写真撮影して、ロンダを制覇した気分に！

Casa《カーサ》 Duende《デュエンデ》 del《デル》 Tajo《タホ》

Calle Virgen de los Remedios, 32, Ronda
639-65-42-07

el《エル》 quinque《クイーンクエ》

Paseo Blas Infante s/n. Ronda
633778181
㊔ ショータイムは14：30～（40分)、20：30～（75分）
※飲み物つき

WANT TO GO

ロンダで行きたいとこ

闘牛場の真ん中に立って、スペインを感じる

スペインの代名詞ともいえる闘牛には、古い歴史があります。闘牛場も最古といえるものがいくつかあり、ロンダもその一つ。イタリアのコロッセオのような円形の真っ白な外壁の闘牛場は、1785年、ヌエボ橋の完成とほぼ同じ頃に建設されました。実はロンダは闘牛の故郷と呼ばれるほど、古来闘牛が有名な所。スペインの伝説的な闘牛士であるフランシスコ・ロメーロが生まれ育ったのも、ここロンダです。突進してくる牛に、赤い布のムレータを使うという、今の闘牛スタイルをつくったのはロメーロだと言われています。そして、息子、孫の代まで有名な闘牛士として活躍した歴史があります。

闘牛場は、新市街の目玉といえる観光スポットですが、それほど観光客も多くなく、居心地も最高です。中の観客席に座ってみたり、闘牛場のど真ん中に立ってみたりして、いにしえから続く歴史的な場所で、遥か遠い過去に思いを馳せるのも一興。博物館もあり、展示されている色鮮やかな闘牛士の衣装や絵などは見応えがあります。今でも年に何度か闘牛が開かれています。土産物屋さんで、闘牛グッズを買うのを忘れずに！

excite

歴史ある闘牛場を隅々まで見学

日本ではあまり馴染みがない闘牛場ですが、ロマンがあります。闘牛たちが待機する小部屋や通路、観客席など、自由に見学することができます。マドリッドやバルセロナ、セビリアなど、スペインのいくつかの街に闘牛場がありますが、街によってデザインや規模などが異なり雰囲気が変わるので、建物見学として訪れても面白いです。

ロンダで
歴史を感じる旅！

白い壁が続く街並みを散策

新市街も白い街並みが続きますが、商店などが並ぶ賑やかな通りは少し近代的で、買い物や食事をするのに適しています。ロンダへ行くには、スペイン国鉄のRENFEという列車が便利です。事前にネットやアプリで列車の予約をしておけば、電子チケットをプリントしていくだけで簡単に乗車できます。

闘牛場（Plaza De Toros）

🏠 Calle Virgen de la Paz, 15, Plaza de Toros, Ronda

📞 952-874132

営 10：00〜18：00（11〜2月）、10：00〜20：00（4〜9月）、10：00〜19：00（3〜10月）

休 なし

RENFEのオンライン予約：http://www.renfe.com/

5 DAYS

City / Country

ローテンブルク／ドイツ

RTB

中世の時代をそのまま感じるオレンジ色の屋根の街

Rothenburg

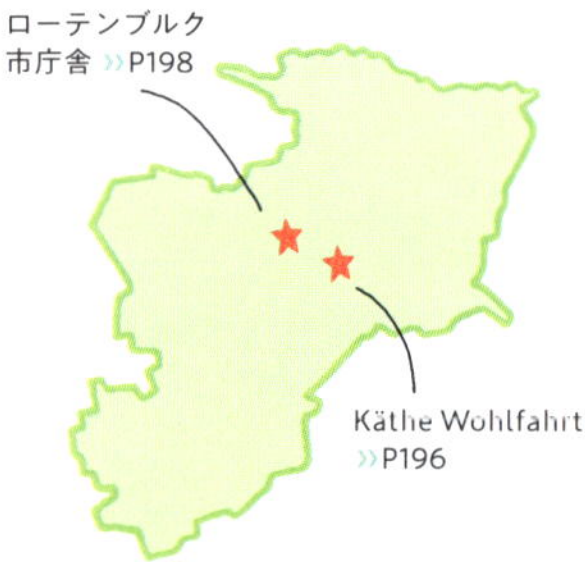

Data

約11時間半

−8時間
（夏−7時間）

ユーロ
（1EUR＝約129円）

ドイツ語

ドイツ南部に、ヴェルツブルクからミュンヘンまで約350㎞を南北に縦断するロマンチック街道があり、その途中に点々と魅力的な街があります。その中で、ローテンブルクは最も美しく、日本人が多く立ち寄る街と言われます。人口は約1万人で、約2・5㎞の城壁に囲まれた旧市街に観光名所が凝縮され、半日あれば街を見て回れるほどこぢんまりとしています。

中世の面影をよく残した可愛らしい街ですが、実は第二次世界大戦の終戦間近に、アメリカ軍に街の4割ほどを破壊されてしまったようで、現在の姿は寄付金によって「元の街並みに戻そう」と復興を遂げた姿なのだそう。見所は、市庁舎の塔にのぼって見下ろす、マルクト広場や旧市街のパノラマ。オレンジ色の三角屋根が寄り添うようにぴっしりと並び、絶景！ 伝統的な土産物屋やクリスマスショップもおすすめです。

ドイツで最も美しいクリスマスマーケットを堪能する

ドイツはヨーロッパの中でも特にクリスマスマーケットの歴史が古く、クリスマスシーズンになるとマーケットがあちこちで開かれ、とても華やぎます。雪の降る中、モミの木を買って、それぞれの家でクリスマス用のオーナメントを意気揚々と飾るようです。世界最古のクリスマスマーケットといわれるドイツ東部のドレスデンや、世界最大のクリスマスマーケットであるドイツ南西部のシュトゥットガルトなどが有名です。一方で、絵本の世界のような街並みのローテンブルクは「ドイツで最も美しいクリスマスマーケット」と呼ばれ、街の中心にあるマルクト広場からHerrngasse通りに入ってすぐのところに、Käthe《ケーテ》 Wohlfahrt《ウォルファルト》という一年中クリスマスを味わえる雑貨屋の本店があります。入り口ではくるみ割り人形の巨大なオブジェが出迎えてくれます。中には5・7mの巨大なツリーがあり、その周りにはキラキラとしたクリスマス用のオーナメントや、キャンドル、ファブリックなどが所狭しと売られています。クリスマスシーズンにも訪れたいですが、ここでは年中ドイツスタイルのクリスマスを味わえます。

可愛らしい外観と車が目印

外観のファサードがとても可愛らしく、絵本から飛び出てきたようなクリスマス仕様の車が店の目印です。店内は商品の種類によって10個ほどの部屋に分かれています。入り口から見ていくと、めくるめく素敵なクリスマスグッズのオンパレード。店内にはドイツスタイルのクリスマスを紹介したミュージアムも併設されています。

fun!

大きさも様々な
グッズが揃う！

1 クリスマス気分になれるグッズが店中に。
2 種類が豊富で、つい迷ってしまうほど。

どれも買って
帰りたくなる
可愛いものばかり！

SWEET

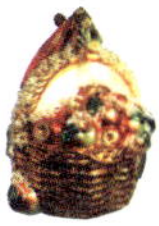

店内は年中、クリスマス！

クリスマスツリーに飾る色とりどりのオーナメントは、薄いガラスでできているものも。手に取るとあまりに薄く、軽くて驚きます！　毎年新しいものが発売されるそうで、少しずつ買い揃えたい気持ちに。ガラス以外にも木彫りやプラスチックのものも。モチーフも多種多様で見学だけでも楽しい！

Käthe《ケーテ》 Wohlfahrt《ウォルファルト》

🏠 Herrngasse 1, Rothenburg ob der Tauber
📞 09861-4090
㊔ 9：00〜18：00（月〜土曜）、10：00〜18：00（日曜、祝）
㊡ 1月上旬〜5月中旬の日曜・祝日、ほか不定休
※クレジットカード可

ローテンブルクで観たいもの

WANT TO SEE

絵本の世界のような街をふらふらと散策する

木組みのカラフルな家が軒を連ね、石畳が続く小径をふらふらと歩いていると、小さい頃に読んだメルヘンな絵本の世界に迷い込んだ気がしてきます。ローテンブルク旧市街の街歩きの起点は、市庁舎のあるマルクト広場。ルネッサンス様式とゴシック様式が融合した高さ60mの市庁舎の上にのぼり、美しい街を見下ろすと、一瞬にして中世の時代にタイムスリップできます。絵に描いたような三角形の屋根が隙間なく隣り合い、上から観るとオレンジ色の絨緞を敷いたみたい。遠くには、牧歌的な田園風景が広がります。マルクト広場にある観光案内所が入っている市議宴会館の仕掛け時計は、大杯のワインを一気飲みする元市長ヌッシュの伝説を再現しています。30年戦争で街が陥落したとき、敵将に3・25Lのワインを一気飲みしたら無罪にすると言われ、ヌッシュが見事飲み干して街を救ったのです。仕掛け時計は、朝10時から22時まで毎正時に動き出します。マルクト広場から、プレーンラインと呼ばれる写真映えのする美しい通りを歩き、裏路地の方へと足を延ばしてみてもメルヘンな世界は続き、心躍ります。

カラフルな
街並みが可愛い！

1 オレンジ色の瓦屋根が並ぶ街並み。
2 城壁の上の通路は無料で登れます。

可愛らしい街に心躍る

一つひとつファサードが異なる木造の家々。中も木のぬくもり溢れる造りが美しい。ローテンブルクまでは、現地ツアーを申し込むか、フランクフルト空港からドイツ国鉄DBに乗って、ヴュルツブルクまで約1時間半かけて移動。そこから列車を2度乗り換えて、約2時間半で到着。

城壁から眺める街並み

街を囲う城壁の上の通路を歩いていると、街並みの景色も変わり、どこも美しい景観です。オレンジ色の瓦屋根を観ると、1枚1枚丁寧に張られているのがよくわかります。家の外観や窓も、それぞれ異なり面白い。街のどこからでも見える聖ヤコブ教会の中には、5000本のパイプを使ったオルガンがあり必見です！

ローテンブルク市庁舎

住 Marktplatz 1, Rothenburg
電 098-61-4040
営 9：30～12：30／13：00～17：00（4月-10月）、12：00～15：00（土日のみ11月-3月）（鐘塔の展望台の入場時間）
休 11月、1～3月の月曜～金曜

5 DAYS

City / Country

リスボン／ポルトガル

LIS

大航海時代の栄華を偲ばせる、美しきアズレージョの街

リスボンの街を満喫！

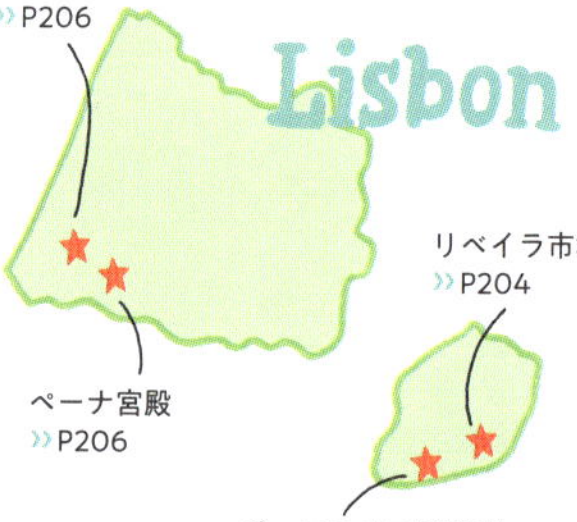

Data

直行便なし

約16時間

－9時間（夏－8時間）

ユーロ（1EUR＝約129円）

ポルトガル語

日本から最も遠いヨーロッパ大陸の西の端にある、〝日の沈む国〟ポルトガル。歴史的に日本と深い関わりをもち、天ぷらやカステラなどの食文化や医学など、多大な影響を日本に与えてきました。壮麗なタイルのアズレージョを使った外観が麗しい街並みが特徴で、初めてのポルトガルならば、首都のリスボンと近郊のシントラをおすすめします。リスボンは、食、歴史的な建

築、ショップ、乗り物など、ポルトガルらしさが詰まった街。丘陵地帯で坂道が多く、路面電車やケーブルカーに乗ったほうが便利で、異国感も味わえます。丘の上に立つサンジョルジェ城から見下ろすと、アンティークの宝石箱みたいに美しい街並みと、北大西洋へと流れるテージョ川を一望できます。シントラは、まるでRPGの世界。ユニークな街が多いポルトガルの中でもおすすめです！

グルメもとことん楽しむ！

マヌエル様式のポルトガル建築最高峰の修道院を見学する

15世紀、エンリケ航海王子は、北アフリカのセウタを攻略して、ポルトガルで初めて海外植民地をつくりました。その後、ポルトガルの探検家、ヴァスコ・ダ・ガマがインド航路発見に向けて出航します。その出航の地であるベレン地区には、白亜の大理石で建てられた美しいジェロニモス修道院があります。16世紀、マニュエル1世がヴァスコ・ダ・ガマの海外遠征で得た、香辛料貿易による巨万の富を投じて、修道院の建設を始めたのです。15世紀から16世紀のポルトガル建築様式の主流となるマヌエル様式で、後期ゴシック様式とルネッサンス様式、イスラム様式、また大航海時代ならではの自然をモチーフにした装飾や造形が見事に融合しています。そして約300年の歳月をかけて19世紀に竣工しました。ポルトガル建築の最高傑作と讃えられる、世紀をまたいだ大傑作に、私も心からうっとり。建物の隅々に、ポルトガル全盛期の栄光を感じます。どことなくスペインのアルハンブラ宮殿を彷彿とさせる、緻密で精巧な装飾が印象的で、落ち着いた華やかさがあると感じました。修道院内には、ヴァスコ・ダ・ガマのお墓があります。

繊細なデザインが施された内部

ジェロニモス修道院の回廊。柱やアーチは、永遠に枯れることのない彫刻の草花に覆われているよう。マヌエル様式には、船道具、珊瑚、魚、貝殻、海藻などの海系のモチーフと、インドにあるような熱帯の植物などのモチーフを、アラベスク模様の中に取り入れたそうです。中庭は、イスラムの影響をうかがえる四分庭園が美しい。

柱には草花などの
細かいデザインが

Cool

beautiful

1 アズレージョのタイル
が美しい。
2 外観も精巧なつくりで、
惚れ惚れします。

ガウディにも影響を与えた建築

マヌエル様式のモチーフや装飾は、スペインの建築家ガウディに影響を与えたと言われています。たしかに、有機的な印象の修道院は、ガウディの建築に通ずるところがあります。入場は混むので、事前にオンラインでチケットを購入すると便利。リスボアカードは2017年以降チケット引き換えに並ぶ必要があるのでご注意。

ジェロニモス修道院
(Jeronimos Monastery)

🏠 Praça do Império Lisboa
📞 213-620-034
営 10：00〜17：30（10月〜4月）
10：00〜18：30（5月〜9月）
休 月曜、1月1日、イースターの日曜、5月1日、6月13日、12月25日

グルメがぎゅっと集まったリベイラ市場で舌鼓を打って、食いしん坊全開になる

リスボン市内のカイス・ド・ソドレ地区にある、グルメな地元の人と観光客に大人気のリベイラ市場は、1892年に開設された歴史ある場所です。当時、ヨーロッパ屈指の活気ある有名な魚市場でしたが、近年リニューアルして、スタイリッシュなフードコートが併設されました。市内の有名レストランや老舗食品店なども店舗を出していて、通常予約が必要だったり、長時間待たされたりする店も、気軽に食事ができて魅力的。店内500席、テラス250席ある巨大なフードコートは、異国の人たちの笑顔が溢れています！

味はどの店舗も本当に美味しいようですが、私が選んだのはMANTEIGARIA《マンティガリア》 SILVA《シルヴァ》という店。本店はフィゲイラ広場の一角にあって、ハムやチーズなどをメインに売っている1890年から続く老舗です。市場では、ポルトガル料理以外にも様々な料理が楽しめるので、気分に応じて何を食べるか選べるのも嬉しい。市場には、地元の人が買い物する生鮮食品売り場もあります。食事に迷ったら、リベイラ市場へ行くのが手っ取り早いし、間違いなく美食グルメを堪能できます！

yummy!

1 生ハムの塩気がイチジクに合う、絶品です。
2 私が食事した、チーズと生ハムがウリの店。

市場で絶品グルメを探す!

MANTEIGARIA SILVAにある、イチジクに生ハムを挟んだ一品料理は激旨。種類豊富なチーズやオリーブ、ポルトガル名物のタコを使った海鮮料理など、グルメな人には胃袋が足りないくらい美食揃いの市場です。アジア料理もあり、スイーツやドリンクなども美味しい。スタイリッシュで本格的な味付け、盛り付けは感動します！

cute

可愛い雑貨にも出会える！

ポルトガルの雑貨を物色

ポルトガルのオーガニックコスメや石鹸、伝統的な刺繍をあしらった民芸品、食器など、女子心くすぐる雑貨屋さんも市場内にあります。とにかく商品のパッケージデザインが可愛く、自分へのお土産を大量買いしたくなります。市場2階へは、アズレージョ見学に。市場全体を見渡せるほか、可愛らしいイワシの壁紙のトイレも必見。

リベイラ市場（mercado da ribeira）
住 481, Av. 24 de Julho, Lisboa
☎ 21-346-1199
営 10：00～翌2：00
休 なし

シントラに行って、魔法の国のような世界に迷い込んでみる

リスボンから隣街のシントラまで足を延ばすと、また違う街の装いに魅了されます。シントラはポルトガル王室の避暑地で、とても美しい街並みはそのまま世界遺産に登録されています。リスボンのロシオ駅から約20分間隔で、シントラ行きの列車が出ています。約40分で到着する近場なので、日帰り観光も充分可能です。シントラで訪れてほしいのが、ペーナ宮殿とレガレイラ宮殿。ペーナ宮殿は、魔法使いがつくったような雰囲気が魅力的。もとはペーナ修道院でしたが、1755年のリスボン大地震で廃墟となり、その後、無傷だった壮麗な礼拝堂を見た若きフェルナンド二世が、廃墟の修道院とともに、王室の避暑地となる離宮も新築して、1836年に現在の姿になったようです。レガレイラ宮殿は、RPGの世界に迷い込んだ気分になるファンタジーな場所です。17世紀に建てられた王室の別荘だったようですが、売却され、ブラジル出身の商人に買われ、イタリア人建築家の手によって現在の姿になりました。宮殿や庭園のほか、秘密の通路、地下へと続く螺旋階段、その先にある洞窟、石の砦。バーチャルのような不思議な世界を体験できます。

アズレージョが美しいペーナ宮殿

城内は、壮麗でカラフルなアズレージョが、贅沢にぎっしりと使われています。リスボンのジェロニモス修道院と同様、マヌエル様式やゴシック様式、イスラム様式などが融合された傑作ですが、色彩がカラフルなので違う印象を受けます。ポルトガル全盛期の栄華をここでも感じることができる素晴らしい建築芸術です。

細かいところにも施されています

excite

1 パステル調の色も、丸っこい形も、可愛い。
2 よく見ると、この壁一面がアズレージョ！

fun!

まるで玩具の城の、可愛い雰囲気

カラフルで玩具みたいな空想的な雰囲気の宮殿は、入り口からおとぎの国へ誘われるような外観です。重厚な趣の建築が多い西欧で、当時この奇抜な色彩は異彩を放っていたと想像します。ドイツのノイシュヴァンシュタイン城に似ているとも言われます。ペーナ宮殿とレガレイラ宮殿は、434番と435番バスで行き来します。

レガレイラ宮殿

- 🏠 R. Barbosa do Bocage 5, Sintra
- 📞 21-910-6650
- 営 9：30〜19：00（10〜3月は〜17:00）
- 休 なし
  ※クレジットカード不可

ペーナ宮殿

- 🏠 Sao Pedro de Penaferrim, Sintra
- 📞 219-237-300
- 営 日の出から日没まで
- 休 なし
  ※クレジットカード可

City / Country

ハバナ

HAV ／ キューバ

クラシックカーが走る ロマン溢れる カリブ海の楽園

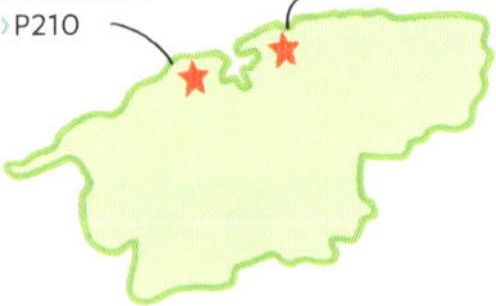

Havana

Data

直行便なし
約18時間

−14時間
（夏−13時間）

兌換ペソ
（1CUC＝約110円）

スペイン語

美しいカリブ海に囲まれた中米の楽園キューバは、中世のまま時間が止まったような西欧の街並みとは異なり、スペイン植民地時代に建造されたコロニアル建築の街並みが、時間の経過とともに朽ちて、社会主義国家らしい独自の改築がなされ、世界唯一の景観をしています。年中明るい太陽の光がさんさんと降り注ぎ、街中をカラフルな年代もののクラシックカーが行き交って

います。首都ハバナは世界各国の観光客が出入りする玄関口で、多くの人が見所の多い旧市街に集まっています。目抜き通りのオビスポ通りを歩き、サルサ音楽の演奏を聞いたり、シガーを燻らすおじさんと写真を撮ったり、クラシックカーに乗って移動してみたり、キューバらしさを満喫すると最高！　アメリカ寄りのバチスタ政権を打倒した革命家チェ・ゲバラたちの歴史を語る革命博物館もぜひ。

カラフルな建物が
立ち並びます

WANT TO DO

ハバナでやりたいこと

旧市街を歩いて、音楽、クラシックカー、シガーに触れる

歩行者大国となっている旧市街のオビスポ通りは、観光客で賑わう目抜き通りで、この道の入り口には、キューバで晩年20年ほど暮らしていたヘミングウェイのお気に入りのバー「Froridita」があります。店内にはヘミングウェイの定位置だったところに彼の銅像があり、一緒に写真を撮るのが観光名物の一つ。ここで、キューバ特産のラム酒を使ったダイキリをぜひ一杯！　オビスポ通りは最も観光客が集まるエリアなので、カフェや土産物屋が集中していて賑やか。路上で、キューバの曲を演奏している人たちの陽気な音楽を聞きながら、裏路地へと左に向かってカテドラル広場や、逆に右の方へ向かってビエハ広場へ行くと美しい景観が広がります。ビエハ広場には、プランテーション栽培のコーヒー豆を使ったカフェ「Cafe El Escorial」があり、焙煎されたコーヒーはとても美味しい！　裏路地では、クラシックカーを自力で修理している人たちを幾度となく見かけ、物を大切にするキューバ人の精神に出会いました。また、旧市街から有名な革命広場までクラシックカーのタクシーに乗って、キューバらしさを体感するのも楽しい！

かっこいい
アメ車がたくさん！

SWEET

クラシックカーで街を散策！

街中には、レトロな車が現役で走っています。キューバ危機以降、海外物資がほとんど入ってこなくなり、国内で車の生産が不可能となり、同じ車を何度も修理して使い続けてきたのです。見た目がカラフルでかっこいいアメ車に乗ってみると、想像以上にガタガタとして、何十年と走り続ける車に感動。

fun!

さすが
葉巻の国という景色が
見られます

葉巻の街で、本物に触れる

キューバは言わずと知れた葉巻の国。タバコの葉のプランテーションが国土全体に広がり、有名なコイーバやパルタガスなどのシガーショップや博物館があります。シガーを燻らす陽気なおじいちゃんに「オラ！」と挨拶すれば、旅も楽しい！　シガー工場のB級品を路上で安く販売する人たちもいて、お土産に安く買うことも可能。

オビスポ通り

Obispo, La Habana
※クラシックタクシーは、街を歩いていると、「タクシー？」と聞いてくる人がいるので、交渉を！

英雄ゲバラの面影を辿る、カサブランカ地区へ行く

親アメリカのバチスタ政権時代、キューバは貧富の差が激しく、貧しい市民はサトウキビ栽培やコーヒー栽培など過酷な労働に苦しんでいました。そんな中、命をかけて革命を起こし、バチスタ政権を打倒した亡き英雄の一人チェ・ゲバラは国民の誇りです。キューバの多くの街中では、ゲバラの絵を飾っていたり、ストリートアートがあったり、ゲバラの言葉「Hasta La Victoria Siempre（常に勝利に向かって）」の文字を見かけます。その前で写真を撮るのは、キューバ観光でしたいことの一つ！ゲバラのかっこいい容姿もあって、男性のみならず女性ファンも多いです。ゲバラファンにおすすめなのが、旧市街から対岸のカサブランカ地区へフェリーで渡り、第一ゲバラ邸宅に行くこと。美しいドーム型のロシア正教会カザン大聖堂のすぐ傍にフェリー乗り場があり、そこから対岸へと移動。到着して左手の道を登って行くと、ゲバラの家だった所があります。中は当時のまま、ゲバラの仕事部屋や寝室があり、キューバ政府の幹部となったゲバラも質素な生活をしていたのだと感じられます。テラスからは、ノスタルジックな旧市街が一望できます！

ノスタルジックな雰囲気の街へ

カサブランカ地区は観光客が少なく、とても静かな雰囲気。第一ゲバラ邸宅から眺めるハバナ湾と旧市街の眺めは、ノスタルジックの一言に尽きる気がします。おそらくゲバラが生きていた頃から、さほど風景は変わっていないでしょう。第一ゲバラ邸宅を海沿いにさらに進むと、カリブ海最強の砦と言われたモロ要塞があります。

Check

1 ゲバラが暮らした当時のままの姿が。
2 キューバの英雄として今も愛されています。

キューバ革命の英雄たち！

ゲバラが暮らした家へ行く

中には、医者でもあったゲバラの医療器具や実際に使われていたタイプライター、当時を物語るアートや写真が展示されています。ミントグリーンの壁が印象的。革命前は前大統領の兄弟が暮らしていた邸宅だそうです。質素な印象ですが、ゲバラファンなら旧市街の革命博物館の後にでも、ぜひ訪れたいところです。

第一ゲバラ邸宅
(La Cabana de Che Guevara)

🏠 Municipio Regla, Ciudad de, la Habana
㊎ 10：00～18：00
㊡ 日曜
※クレジットカード不可

5 DAYS

City / Country

ブエノスアイレス／アルゼンチン

BUE

南米のパリと謳われる情熱的なタンゴの街

Buenos Aires

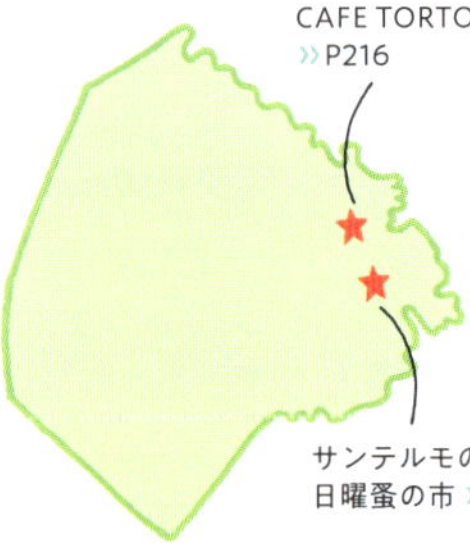

»P216

»P218

Data

直行便なし

約25時間

−12時間

ペソ
(1ARS = 約2.9円)

スペイン語

日本から遥か遠く、南半球で最も南極に近い国の一つアルゼンチン。多種多様な文化が交錯した自然豊かな国で、とても面白く魅力的です。首都ブエノスアイレスは「南米のパリ」と言われるほど、スペイン植民地時代のコロニアル建造物が街を構成し、西洋のような街並みをしています。大統領官邸がある5月広場には国旗が風にたなびき、観光の起点となっています。メイ

ンストリートの7月9日通りは、両側16車線ある大通りで世界一広い道路。サンテルモ地区は街路樹の下に石畳が続き、日曜日には蚤の市が開かれて、アンティーク雑貨やアートなど出店数も多く、歩くだけでも楽しいです。また、労働者が多く暮らしていたカラフルな街並みのボカ地区は南米色が濃く、アルゼンチン・タンゴ発祥の地です。街中にはタンゴを鑑賞できる場所が多く、ぜひ観たいです！

路上でもタンゴ！

WANT TO GO

ブエノスアイレスで行きたいとこ

ブエノスアイレス最古のカフェでお茶を楽しみ、夜はタンゴを鑑賞する

5月広場から歩いて5分ほどの所に、老舗カフェの「CAFE《カフェ》 TORTONI《トルトーニ》」があります。多くの著名人が昔から通っていた、歴史あるカフェ。店内には、美しいシャンデリアに天井のステンドグラス、華やかな壁に飾られたいくつもの絵画と、まるで美術館か、映画のセットのよう。エキストラのように地元の人たちがおしゃべりしたり、新聞を読んだりして、それぞれの日常を過ごしています。ここは、夜になるとご飯を食べながらタンゴショーを鑑賞できることでも有名。奥の方にあるカウンターで予約可能で、ショーは地下で開催します。こぢんまりとしていて鑑賞するにはとてもいい距離感で、雰囲気は映画などで観たことのあるキャバレーのような感じ。客はショーの前に食事を注文し、鑑賞しながら食べます。私は1人だったので、地元の家族連れと一緒の席になりました。「日本から来た」というと大歓迎してくれて、ワインのお裾分けをいただき一緒に乾杯。男女で踊るタンゴはとても官能的で、悲哀のこもった曲がなんとも切なく、心に残ります。日夜違う顔を見せてくれる老舗のCAFE TORTONIで、ブエノスアイレスを堪能したいです。

街で最古のカフェで一休み

移民の多いブエノスアイレスで、1858年にフランス人の移民がつくった街で最古のカフェだそうです。レトロなファサードが可愛らしい。緊張して中に入ると、ウエイターのおじちゃんが、笑顔で迎え入れてくれて、写真まで撮ってくれました。日中にはぜひ、珈琲に棒状のドーナツ“チュロス”を注文して、夢心地でひと休憩を！

一緒に乾杯
サルー！

Cool

情熱的なタンゴを鑑賞！

連夜２回ショーが開催されており、時間的に１回目の20：00〜の回が無難です。食事をとりながらカジュアルに鑑賞できるので、一人旅にもおすすめ。アルゼンチン料理の代表、ステーキも注文可能。ショーは、ひと時も見飽きることのない充実したプログラムで、アルゼンチン・タンゴの世界を体験できます。

excite

CAFE《カフェ》 TORTONI《トルトーニ》

Av. de Mayo 825, CABA
011-4342-4328
営 9：00〜 翌1：00（タンゴショーは、20：00〜／22：00〜の２回）
休 なし
※クレジットカード不可

WANT TO GO

ブエノスアイレスで行きたいとこ

石畳の続くサンテルモ地区の日曜蚤の市で、掘り出し物を見つける

ブエノスアイレスでは週末になると、あちこちで青空蚤の市が開かれます。路上に簡易的な店を出して、雑貨や絵画、洋服などを売り出します。その中で最もおすすめなのが、アンティーク雑貨を多く扱うサンテルモ地区の蚤の市。骨董市とも言われるほど、本物のアンティーク商品が集まります。歴史的にヨーロッパの移民が多く暮らすブエノスアイレスは、ヨーロッパの蚤の市ではもはや存在しないような、超貴重な骨董品に出会うことができます。骨董ファンには「最期の秘境」と言われるほど、世界中から骨董品目当てにやってくる観光客も多いそうです。アンティーク雑貨以外にも、レトロな玩具や飾り物、アルゼンチン人が日常的に使うマテ茶のカップポロンガなど、アルゼンチン色満載。サンテルモ地区は街のダウンタウンで、石畳の続く街並みはとても情緒があり、路上でタンゴを踊る男女の姿もみられます。ここの蚤の市は、１９７０年頃ドレーゴ広場から始まったようです。サンテルモ市場の中やサンテルモ地区にあるブティックも、蓄音機や照明器具などレアなアンティーク品が多くあり、見学するだけでも見応え充分です！

お気に入りを探しに蚤の市へ

アンティークのボタンをメインに売っているお店の、ファンキーなおばちゃん。ボタンのイヤリングが、パンチが効いていて可愛らしい！　別のお店ですが、私もアンティークのイヤリングを２つ購入しました。さっそくつけると、お店のおばさんが「ボニータ！（可愛い）」と言ってくれてほっこり。一人旅でもとっても楽しめます！

fun!

陽気な店員さんがたくさん！

SWEET

アンティーク雑貨の宝庫

レトロ雑貨も多数あって、迷う!

つい家に置きたくなるようなレトロなフィギュアや、アルゼンチンの昔ながらの玩具などにも出会えます。サンテルモの蚤の市は、半日かけてゆっくり散策すると面白いです。もちろん平日でも、アンティークを扱うブティックや市民の台所でもある市場は空いているので、滞在中一度は訪れたいところです！

サンテルモの日曜蚤の市
(Feria De San Termo)

住 plaza dorrego san telmo, Buenos Aires
電 098-61-4040
営 毎週日曜10：00～17：00（※店舗により異なります）

COLUMN

旅に出る前の確認ごと

国が違えば、環境もルールも常識も違う。行ってから、「もっと調べておけばよかった……」なんてことにならないよう、事前に確認しておくべきことを紹介します。

TASK 1

ビザが必要な国かどうか調べる

海外に行く際、必ずビザ発行やツーリストカード発行の要・不要など、入国条件を調べましょう。たとえば、アメリカに行くなら有料電子ビザESTAの申請を、ロシアに行く場合、ウラジオストクだけなら無料の電子ビザの申請を。それ以外のロシア国内へは、日本のロシア大使館でビザの発行が必須です。また、キューバへは東京の領事館でツーリストカード発行が必須。

TASK 2

現地の天候・気温をあらかじめチェック

意外と行ってから失敗するのが、天候や気温です。海外のホテルは、部屋のエアコンが故障していることも多く、上着がないと寒くて辛い思いをすることも。また暑くて蚊が多い国は、ワンプッシュで虫除けできるスプレーなどを持って行くと、安眠できます。

TASK 3

安全情報の確認は“たびレジ”の登録を

外務省の海外安全情報配信サービスの“たびレジ”に登録しておくと、危険情報、スリの多い地区の情報、道路でのストライキ情報など、渡航先の安全情報が逐一登録したメールアドレスに届きます。万が一事件に巻き込まれても、早急に支援してくれて心強い！

※たびレジ　https://www.ezairyu.mofa.go.jp/index.html

TASK 4

海外タクシー事情の事前認識は必須

海外で、一度はタクシーに乗る機会があると思います。Uberなどの配車サービスも便利ですが、公共のタクシーに乗るときは、日本と違って基本的に乗る前に行き先を告げます。より安全策をとるなら、ホテルやレストランでタクシーを呼んでもらいましょう。

TASK 5

カードを使うと、ATMでの現地通貨引き出しが楽

現地通貨は空港や街中の両替所で両替するのが一般的ですが、私はクレジットカードのキャッシング機能を使って、ATMから引き出しています。ATMなら街中にたくさんあって並ぶ必要もなく、24時間いつでも引き出せて快適。またクレジットカードは、VISAかマスターカードのどちらか1枚は必携です（※JCBやアメックスは使えない国が多い）。

おわりに

旅先で、本書でご紹介したような「やりたいこと」を、一つでもできたらいいのだと気楽に構えるようになってから、私は日常と旅の境界線がどんどんなくなってきたように感じます。

旅がほぼ無計画であると、とても不安かもしれません。あるいは、「旅慣れしているからできることでしょう」と思われるかもしれません。実は私も、29歳で会社を辞めて1年間世界放浪の旅に出たとき、念入りに計画して行こうと思っていました。しかし、1年という旅のスパンは、計画不能。思い切って大枠だけスケジューリングして、あとは流れるように旅をしてみることにしました。

その結果、私が気づいたのは〝現地に行けば、やりたいことが見つかる〟ということ。たとえば滞在しているホテルの人も、観てほしいものがあれば、自慢げに「ここは必ず行くといいよ。絶景だから！」と教えてくれたりします。それが

ガイドブックに載っていない穴場だと、最高に嬉しい。

街でのんびりとお茶をしていると、地元の人と知り合って連絡先を交換したり、運がよければお母さんの郷土料理を食べさせてもらったり。旅の計画を細かく決めて行くより、自由の幅を効かせていたほうが、記憶に残る深い旅ができることもあるのです。

今はポケットWi-Fiをレンタルすれば、海外であろうとスマホでネットを自由に使える時代です。旅に便利なアプリもたくさん出ていて、国内旅行と海外旅行の境界線はまさに消えつつあります。

世界は美しく、魅力的な暮らしをしている人々がたくさんいます。旅をして、そういう光景を目の当たりにすることは、やはりテレビやネット情報で見聞するのとは違う、泣きたくなるような喜びや切なさ、計り知れない感動を覚えます。

人生を、昨日よりちょっとだけ豊かにするために、週末から気楽に海外旅行に出かけてみませんか？

小林希

文・写真　小林 希
写真（著者が写っているもの）　現地の人　一緒に旅した友人　同宿の旅人　自撮り
デザイン　吉村 亮　大橋千恵（yoshi-des.）
イラスト　STOMACHACHE.
校正　聚珍社
編集　安田 遥（ワニブックス）

頑張る自分に、ご褒美旅を

週末海外

著者　小林 希

2018年11月4日　初版発行

発行者　横内正昭
編集人　青柳有紀
発行所　株式会社ワニブックス
〒150-8482
東京都渋谷区恵比寿4-4-9　えびす大黑ビル
電話　03-5449-2711（代表）
03-5449-2716（編集部）
ワニブックスHP　http://www.wani.co.jp/
WANI BOOKOUT　http://www.wanibookout.com/
印刷所　株式会社光邦
DTP　株式会社三協美術
製本所　ナショナル製本

ISBN 978-4-8470-9718-8

※本書に掲載されている情報は2018年9月現在のものです。店舗、レートなどの情報は変更となる場合がございます。